GEORGES BRASSENS
DICTIONNAIRE

Mes remerciements vont à :
Mario Poletti pour sa mémoire et son hospitalité,
Georges Boulard pour sa fidélité et sa force de travail,
Jean-Paul Sermonte pour son écoute,
Rolande Tournaillon pour son inspiration involontaire,
Claude Wargnier pour quelques décennies de créations communes,
Rémy Jounin pour son talent,
Jacques Yvart pour son aide.
Remerciements tardifs, mais sincères, à Michel Lancelot
et Jean Serge, accélérateurs de vocation,
enfin à Karine pour son écoute tolérante.
Un merci tout particulier à la Mairie de Paris pour ses insondables archives.

Michel Brillié

GEORGES BRASSENS

DICTIONNAIRE
DES COPAINS, AMIS, POÈTES
ET DES PERSONNAGES,
RÉELS OU FICTIFS DES CHANSONS

Textes de Michel Brillié,
Jean-Dominique Brierre, Daniel Lesueur
et la collaboration de Georges Boulard

Dessins de Catherine, Honoré et Tignous

Préface
d'Alain Souchon

Editions du Layeur

© 2011 - Éditions du Layeur - 63 avenue des Champs-Élysées - 75008 - Paris.

écouter Brassens...

Brassens, quand on avait 6 ans et qu'on entendait *Le Gorille*, on prenait du plaisir, parce qu'il y a des gros mots. Et puis, à 10-12 ans, il dit des trucs de cul, des machins de gros nichons, des bonnes femmes à Brive-la-Gaillarde, on aime bien ça. Je me souviens des différents plaisirs que j'ai eus tout au long de ma vie avec lui. Et après on découvre qu'il dit des tas de choses merveilleuses, et qu'il faut avoir un peu de maturité pour bien savourer. Je crois qu'il y en a pour tout le monde, les sans rides et les autres, les couillons et les pas couillons ; il était très populaire tout en faisant des choses très raffinées, c'est phénoménal, ça.

Brassens avait donné une bonne définition de la chanson : il faut que la musique et les paroles soient pareilles, au niveau intensité de ce que ça vous fait. Si une musique formidable a des paroles niaises, ça la tue. Brassens avait ce problème qu'il faisait des textes formidables qu'on étudiait dans les écoles, il était considéré comme un poète, ce qui l'a gêné. Quand on fait des chansons, on ne veut pas qu'on vous dise que vous êtes un poète ou un musicien. Évidemment, lui était musicien, ses musiques représentent beaucoup de travail, elles sont extrêmement raffinées, avec des harmonies très fines, très jolies. Quand on lui disait que ses musiques étaient toujours identiques, ça devait le faire souffrir. Toujours faire passer ses paroles avant, ça devait l'énerver. Ce n'est plus la même façon de faire des chansons. Brassens avait des textes ciselés, qu'on pouvait lire. Aujourd'hui on ne peut pas lire les textes de chansons, elles ne sont pas faites pour êtres lues. On peut lire les paroles des chansons de Brassens sans la musique. Il a une façon très particulière d'écrire des chansons, Brassens. Ce sont des poésies très agréables à lire, dans un français impeccable. On peut faire des chansons avec des ambiances plus impressionnistes, et si on les lit, ça n'a aucun intérêt.

Un truc très important chez Brassens, c'est le swing. À cette époque-là, on faisait des chansons « rive gauche » avec des textes très jolis, très beaux comme ceux de Ferré, avec une musique qui soutenait les paroles. Les chanteurs « rive gauche » disaient des poèmes avec l'argument de la musique. Brassens, lui, a fait un mariage à la Trenet avec le swing.

J'aimais *La Marine, Les Bancs publics, Le 22 septembre, L'Orage...* les poèmes de Paul Fort...

Ce que j'aimais bien chez Brassens, c'est qu'il n'était jamais péremptoire dans ses interviews, il avait une sagesse de père, de grand-père. Il ne parlait pas de sa vie privée. Il disait « je ne dis jamais de généralités sur les femmes, je ne parle que de celles que j'ai connues ». Il y a quelque chose de fort à pouvoir faire ça, des fois on ne peut pas faire autrement, on est des gens fragiles, ces métiers déglinguent, et comme on fait du spectacle, pourquoi ne pas tout montrer... Mais Brassens, c'était très beau de se conduire comme ça... de ne rien montrer de lui à ce point, bravo.

Je l'aimais bien aussi pour ça, parce qu'il ne faisait pas le poète. Il était un poète, il écrivait des chansons poétiques, mais il ne faisait pas le poète. Dans ses dialogues avec Jacques Brel, que j'aimais beaucoup, Brel était beaucoup plus spectaculaire... Je l'ai vu sur scène deux fois. Il prenait beaucoup de plaisir à ce qu'on le regarde, qu'on l'écoute. Brassens n'était pas renfermé, mais il était timide, les trois quarts des gens qui font ce métier sont assez timides dans la vie. En même temps ils font ce métier, dément, de se montrer, d'aller montrer son cul sur scène, et d'y prendre du plaisir.

Tout ce qui est de haut niveau enrichit... Il faut s'enrichir, se cultiver, ça fait du bien. Brassens est touchant, il apprend, il parle des hommes, et quelqu'un d'intelligent qui parle des hommes, c'est toujours bien et ça fait du bien.

Écouter des disques de Brassens, ça enrichit autant qu'un roman de Stendhal.

Alain Souchon
Interview à Europe 1 novembre 1981

rien

A

ABÉLARD PIERRE

Pierre Abélard (1079-1142) apparaît pour la première fois dans l'œuvre de Brassens dans *La Ballade des dames du temps jadis* sous le nom de Pierre Esbaillart. Dans son poème, mis en musique par le chanteur, François Villon fait une rapide allusion au tragique destin d'un des plus brillants intellectuels du XIIe siècle. Philosophe et théologien (déclaré hérétique par les autorités ecclésiastiques) Abélard est recruté comme précepteur de la jeune Héloïse, de vingt-deux ans sa cadette. S'ensuit une liaison amoureuse, un mariage secret et la naissance d'un petit garçon prénommé Astrolabe. Furieux, le chanoine Fulbert, oncle d'Héloïse, envoie ses hommes de main émasculer Abélard. Une punition qui était alors réservée aux adultères et aux viols, Brassens la mentionnera quelques années plus tard sous le nom de « supplice d'Abélard » dans *Le Mécréant*, chanson humoristique où il campe un chanteur pornographe menacé de castration par des bigotes hystériques.

———

ADAMO SALVATORE

En 1965, au moment où Johnny Hallyday, déserte le hit-parade pour cause de service militaire, Salvatore Adamo créé la surprise en devenant l'artiste préféré des jeunes français. Il ne cache pas sa passion pour les « chanteurs en B », Brel, Béart, Bécaud et Brassens... Et selon les paroles de sa chanson *Eddy Cochran, Buddy Holly and Brassens*, c'est à 15 ans qu'il s'enflamme pour le poète moustachu dont il va paraphraser quelques vers de *L'Auvergnat* : « Elle est à toi cette chanson / À toi Brassens qui, sans façon / M'avait appris ces quatre accords / Au bon temps des Copains d'abord ».

Malgré un premier rendez-vous manqué (Brassens avait invité Adamo à l'occasion d'une émission de télé, mais la production avait «omis» de le prévenir), une amitié fidèle va se nouer, notamment en raison de leurs racines communes (la mère de Brassens était originaire du sud de l'Italie, le père de Salvatore était Sicilien). Brassens ira l'applaudir à l'Olympia (« Le fait qu'il sache que j'existais, déjà, c'était flatteur pour moi », dira Salvatore) et le soir même ils dînaient ensemble chez Bruno Coquatrix.

———

ADONIS

Personnage de la mythologie grecque, le personnage d'Adonis apparaît incidemment dans la chanson *Une ombre au tableau* : « La belle énamourée a changé de posture, / Maintenant qu'Adonis a déserté sa cour ». Il est celui qui personnifie la beauté plastique propre à la jeunesse. Moins viril qu'Apollon, il est néanmoins l'amant d'Aphrodite, déesse de la féminité, que sa rivale Perséphone, déesse des enfers, convoite également. Adonis mourra tragiquement, attaqué par un sanglier lâché sur lui, selon la légende, par Arès (le dieu de la guerre), jaloux de sa liaison avec Aphrodite.

Amazone

Lorsque Brassens, dans la chanson les *Amours d'antan*, se souvient « qu'elle avait fait faux bond la petite amazone », c'est à la « petite Jo » qu'il semble penser, rencontrée au métro Denfert-Rochereau en 1945. Une femme guerrière comme l'amazone de l'Histoire, sans doute pas, mais une femme aux mœurs libérés, qui ne s'embarrassait pas dans ses relations avec les hommes et avec Georges en particulier, auquel elle laissera un cadeau sexuellement transmissible. Il devra à cette occasion être traité par le docteur Marty, fils du professeur de gymnastique du collège de Sète.

Amis de Georges

Fondée dix ans après la mort de l'artiste, l'Association *Les Amis de Georges* se propose, à travers un magazine bimestriel (et depuis 2003 via le site internet www.lesamisdegeorges.com), de faire le lien entre les admirateurs et les amis de Brassens tout en les informant des spectacles à voir, des sorties de disques ou de livres à acquérir pour compléter l'univers « brassensien ». Cette initiative, nous la devons à Jean-Paul Sermonte qui, à douze ans, avait découvert le monde de la poésie grâce à la mise en musique par Brassens du *Petit cheval* de Paul Fort. L'apport de ces *Amis de Georges* (Louis Nucéra, Marcel Amont, Joel Favreau, etc.) a permis, en plus des 120 numéros publiés, de mettre à la disposition de tous des archives jusqu'alors éparpillées ou inédites. Une mission initiée à un moment important, comme le souligne l'éditorial du n°1 : « Cette année, pas de coffret, pas de nouvelle chanson, ce sont « 10 ans d'absence de Brassens ». Mais comme l'a écrit Musset, « l'absence n'est rien quand on aime ».

_____

Amont Marcel

Marcel, Jean-Pierre, Balthazar Miramon dit Marcel Amont, né à Bordeaux en 1929, ne perdra jamais l'accent chaleureux de sa région natale. Brassens et lui se connaissent depuis leurs débuts, en 1953 à la Villa d'Este, un cabaret-restaurant à deux pas des Champs-Élysées. Des débuts difficiles qui verront plusieurs fois Brassens, furieux que les clients pensent davantage à leur estomac qu'à sa musique, menacer de quitter la salle... et Amont, accusé sans raison d'en être l'incitateur, sur le point d'être renvoyé ! Quatre ans plus tard, en mai 1957, Marcel Amont fera l'Olympia dont Georges est alors la tête d'affiche. Il met en musique un texte de Brassens, *Le vieux fossile*, et sera particulièrement fier lorsque celui-ci va lui confier *Le Chapeau de Mireille*. À partir de 1959, Amont sera omniprésent dans les hit-parades avec *Tout doux, tout doucement*, *Bleu blanc blond* et surtout *Le Mexicain*, l'un des deux ou trois plus grands succès du second semestre de l'année 1962.

_____

Amphitryon

« Cocu tant qu'on voudra mais pas Amphitryon ». Vaudrait-il mieux partager sa femme que son couvert ? L'affirmation présente dans *Le Cocu* ne manque pas de sel, sachant que Brassens a eu lui-même table ouverte pendant des années chez Jeanne et Marcel. Il est vrai que le personnage d'Amphitryon, apparu pour la première fois au théâtre chez le poète latin Plaute (-254/-184 av. J-C), a toujours eu une nature comique. Pas étonnant que Molière se le soit approprié par la suite. Mais par quel miracle ce général thébain dont la femme est séduite par Jupiter devient-il le parangon de l'hospitalité, cela reste mystérieux.

_____

Ange

La formation pop originaire de Belfort, née dix ans après les débuts des Chaussettes noires et des Chats sauvages, équivalent français d'un groupe comme Genesis, tant au niveau des arrangements musicaux que de la prestation scénique, revendique néanmoins certaines influences de la chanson française. Ainsi en 1973, en ouverture du *Cimetière des Arlequins* on trouve *Ces Gens-là* de Brel (1973) et, sur l'album « À propos de »... une reprise de *Les Copains* de Brassens.

_____

Antoinette

C'est chez Antoinette Dagrosa, la sœur de sa mère Elvira, que Georges Brassens va vivre lorsque, en février 1940, il arrive à Paris pour travailler. Elle tient alors une petite pension de famille au 173, rue d'Alésia, dans le 14e arrondissement, où Georges était déjà venu avec ses parents, en 1931 et en 1937 pour une visite à l'Exposition internationale. C'est là qu'il va composer sa plaquette de poèmes, *Des coups d'épée dans l'eau* ainsi que le recueil *À la venvole*. Il y restera jusqu'en mars 1943, date de son départ en Allemagne pour le STO.

──────────

Aphrodite

Les femmes chez Brassens ont la plupart du temps un prénom : Marinette, Margot, Hélène... Mais, quand il veut évoquer la femme en général le chanteur aime à se référer à la mythologie grecque ou latine : Aphrodite ou Vénus. Fille de Zeus, ou, selon la version hésiodique, née de l' « écume de la mer » (comme le suggère l'étymologie de son nom), Aphrodite est la déesse de l'amour physique. Mère d'Éros, elle est un personnage ambivalent, à la fois infidèle et irréfléchi et source d'inspiration pour les poètes et les artistes.

──────────

Apollinaire Guillaume

Les amours tumultueuses avec le peintre Marie Laurencin avaient inspiré à Apollinaire le poème « Le Pont Mirabeau » paru en 1913 dans le recueil *Alcools*. Brassens, tout juste arrivé de sa « ville natale », va vivre une expérience similaire qu'il relate dans *Les Ricochets* : une rencontre féminine et un amour déçu – réel ou imaginaire – en relation avec cet édifice parisien, comme pour Apollinaire. C'est sur le pont Mirabeau que le poète se retrouve avec l'artiste : l'une vit sur la rive gauche de Paris, résidence habituelle des artistes, poètes et étudiants, et l'autre, qui travaille aussi pour diverses sociétés de bourse, habite dans un quartier plus huppé de la rive droite. Les deux histoires auront la même fin, rupture avec Marie Laurencin pour Apollinaire et désertion – « faux-bond » – pour la conquête de Brassens qui prend le large avec un « vieux barbon ».

Si la chanson *Les Ricochets* rend hommage aux ponts de Paris, au pont Alexandre III, au pont de l'Alma et au viaduc d'Auteuil, c'est aussi en référence à Vincent Scotto auteur de *Sous les ponts de Paris,* un succès international *qui sera* créé la même année qu'*Alcools*, en 1913, et connaîtra un succès international. Scotto avait commencé sur scène en s'accompagnant d'une guitare.

APOLLON

En 1964, interviewé à la télévision belge par Angèle Guller, Brassens explique à propos de ses chansons : « Elles dorment un peu en moi, à l'état embryonnaire comme des enfants que l'on portera peut-être un jour si Apollon me prête vie ». Pourquoi cet archaïsme, cette référence à l'un des dieux de la mythologie grecque plutôt qu'au dieu des chrétiens ? Sans doute parce que cet anachronisme permet à l'agnostique qu'est Brassens de prendre ses distances avec la question de la foi. Mais aussi parce qu'Apollon est le dieu du chant, de la poésie et de la musique. Dieu des artistes, qu'on croirait taillé sur mesure pour le poète de la chanson, Apollon est lié en philosophie à une esthétique dont Brassens se sent proche. Ainsi Nietzsche oppose-t-il dans l'art Dionysos, dieu de l'ivresse, et Apollon, dieu de la beauté formelle. Appliquée au domaine de la chanson, cette dichotomie ferait de Brel le type même du chanteur dionysiaque, qui chante avec ses tripes, et de Brassens un parfait tenant de l'art apollinien pour qui la forme prime sur le pulsionnel et le lyrisme.

Contrairement à d'autres dieux grecs Apollon n'apparaît pas

dans l'œuvre de Brassens si ce n'est dans *À mon frère venant d'Italie*, d'après Alfred de Musset, et dans *L'inestimable sceau*, un poème tardif qu'il n'aura malheureusement pas le temps de mettre en musique.

───────────

ARAGON LOUIS

Fondateur du mouvement surréaliste avec André Breton et Philippe Soupault, Louis Aragon (1897-1982) fut, à partir des années cinquante, l'un des poètes les plus mis en musique par les chanteurs. Si Léo Ferré lui consacra tout un album et Jean Ferrat plusieurs, Brassens se contenta d'une chanson, reprise par la suite par Barbara, Françoise Hardy et Nina Simone (entre autres). Poème extrait du recueil *La Diane française* (1946), *Il n'y a pas d'amour heureux*, avec sa musique lente et mélancolique (qui habillera aussi *La Prière* de Francis James), est un texte d'un profond désespoir. « Le temps d'apprendre à vivre, il est déjà trop tard », constate amèrement le poète, avant de conclure sur une note d'espérance : « Il n'y a pas d'amour heureux / Mais c'est notre amour à tous deux ». Un dernier vers omis par Brassens, ce qui eut pour effet de rendre la chanson encore plus sombre.

───────────

ARCHIBALD

Les oncles ont toujours eu la cote chez les chanteurs. Bien avant Pierre Perret mettant en scène *Tonton Cristobal*, Brassens, qui devait intituler sa chanson la plus pacifiste *Les deux oncles*, raconta dès 1957 les mésaventures d'Oncle Archibald, tombant un jour nez à nez avec la mort. La mort, pour la circonstance, racole sur le trottoir et va inviter le passant à le suivre. L'histoire est d'autant plus cocasse que sous le patronyme un peu collet-monté d'Archibald, on devine un homme truculent, guère disposé au trépas. Ici pas de grandes réflexions métaphysiques comme dans *Le septième sceau*, le film d'Igmar Bergman narrant une semblable rencontre, mais un petit conte surréaliste sans prétention chanté sur un rythme alerte. Brassens dira d'*Oncle Archibald* qu'elle était l'une de ses chansons préférées.

―

Argousin

Le mot, *alguacil*, d'origine espagnole, désignait autrefois une personne chargée de la surveillance des détenus dans les établissements pénitentiaires comme les bagnes. Il a pris un sens plus général et désigne dans *Corne d'Aurochs* un agent de police, catégorie que Brassens aimait prendre comme cible. « Qu'il avait un petit cousin, ô gué, ô gué / Haut placé chez les argousins, ô gué, ô gué ».

―

Ariane

L'une des innombrables références mythologiques de Brassens, Ariane est mentionnée dans *Le vieux normand*. Fille de Minos, roi de Crète, Ariane est indissociable de son fil, donné à Thésée, son amoureux, afin qu'il ne se perde pas dans le labyrinthe. Au sens figuré, le fil d'Ariane désigne un moyen de démêler une situation compliquée.

―

Arnaud Michèle

Micheline Caré dite Michèle Arnaud (1919-1998) s'est tant démenée pour aider Serge Gainsbourg à sortir de l'anonymat qu'on en vient à oublier qu'elle a aussi beaucoup fait pour populariser les chansons de Brassens (elle si distinguée, il lui a fallu du culot pour interpréter *Une jolie fleur dans une peau de vache* !). Elle lance, en 1964, sous le parrainage de Brel et Brassens, « Le Music-hall de France » qui va sillonner la banlieue parisienne. À la fin de cette même année elle est en première partie de Brassens à Bobino. Parfois surnommée « l'intellectuelle de la chanson française», elle sut intelligemment négocier le virage en s'éloignant des planches pour devenir productrice à la télévision d'émissions (*Les Raisins verts* de Jean-Christophe Averty) ou de comédies musicales (*Anna* de Gainsbourg) que l'on pourrait presque qualifier d'avant-garde.

───────────────

Asséo André

Après avoir été grand reporter à RMC, André Asséo – Niçois comme Louis Nucéra qui faisait partie du cercle des copains de Brassens – sera directeur des relations extérieures chez Philips dans les années 60. Devenu pendant ces années un proche de Brassens, il en témoigne dans le livre *Souvenirs inexacts* paru en 1999. Il fut l'organisateur des « Journées Georges Brassens » à Sète.

───────────────

Asso Raymond

Fin 1946, sous les pseudonymes de Gilles Colin ou Géo Cédille, Brassens écrit quelques chroniques dans *Le Libertaire*, organe des militants de la Fédération anarchiste. Virulence et humour noir sont au menu et il n'hésite pas à épingler Raymond Asso (1901-1968), « chansonnier » qu'il considérera néanmoins comme l'un de ses premiers modèles... et qu'il avait rencontré, avec Émile Miramont, au théâtre Pigalle. Asso qui, dès 1937, avait pris en main la carrière d'Edith

Piaf, avait écrit à son intention *Browning, Le Fanion de la Légion* (« chose dangereuse à ne pas faire », en disait Brassens dans sa chronique du 12 juin 1947), *Mon légionnaire, Mon amant de la Coloniale, Un jeune homme chantait, C'est lui que mon cœur a choisi*... et rejoignait dans ses chansons mélancoliques l'univers de Carco et Mac Orlan. Brassens lui reprochait particulièrement d'avoir écrit, toujours pour Piaf, *C'est l'histoire de Jésus*.

———————

AUDIARD Michel

Le dialoguiste-réalisateur et le poète sétois avaient plus d'un point commun. Audiard est né et a habité le 14ᵉ arrondissement de Paris, là où Brassens a posé ses valises dès son arrivée dans la capitale, impasse Florimont. Audiard a ciselé les répliques de ses dialogues avec le même soin que Brassens a mis à polir les paroles de ses chansons.

C'est René Fallet, l'ami de toujours de Brassens, qui va réunir les deux et en faire de bons amis. En 1971 Fallet convainc Georges de composer la musique d'un film qu'Audiard voulait réaliser à partir de son roman *Il était un petit navire* et dont l'adaptation cinématographique prendra le titre *Le Drapeau noir flotte sur la marmite*.

En 1975, dans l'émission de Jean-Michel Desjeunes sur Europe N°1, Brassens, l'invité d'honneur, est venu avec son ami Audiard pour son dernier roman et y fait l'éloge du dialoguiste gouailleur : « On est tout les deux du 14ᵉ... La langue d'Audiard, on la reconnaît tout de suite. Quand on prend un film en cours de route, on s'aperçoit tout de suite si c'est Audiard qui a écrit les dialogues. Et dans son livre aussi... Un seul mot trahit le poète, comme dit l'autre, et dans Audiard il suffit de la première page pour savoir qu'on peut aller jusqu'au bout. »

――――――――

AUDOUARD YVAN

Yvan Audouard, journaliste parisien d'adoption mais sudiste de naissance, comme Brassens, a été un de ses compagnon de la première heure. À Georges Boulard, fondateur du festival de Vaison-la-Romaine, il disait : « Je l'ai rencontré pour la première fois en 1948 alors qu'il était encore inconnu et qu'il habitait chez Jeanne impasse Florimont. Je l'ai entendu à l'époque me chanter *La Chasse aux papillons* ou *Les Bancs publics*. C'est son ami André Larue qui débutait dans le journalisme à *France Soir*, qui me l'a présenté. »
En 1953, alors que son ami René Fallet lui fait part des débuts très prometteurs, aux 3 Baudets et à la Villa d'Este, d'un certain Georges Brassens, Audouard lui rétorque dans un large sourire : « Brassens ! je le connais depuis cinq ans. »
Yvan Audouard, a alors plusieurs casquettes : il est journaliste au *Canard enchaîné* (il y restera 50 ans !) et anime une émission à la balbutiante Télévision française. C'est dans cette émission que Brassens fera ses premiers pas de vedette cathodique avec *Une jolie fleur*.
En 1967, l'Académie française décerne son Grand prix de poésie à Brassens, et tout Paris chuchote que le poète est pressenti pour entrer dans l'auguste assemblée. Yvan Audouard pousse le canular à l'extrême en publiant dans *Le Canard enchaîné...* son prétendu discours de réception sous la Coupole ! Légèrement anticipé bien évidemment. Le facétieux Yvan avait même imaginé que l'anti-calotin Brassens prendrait

le siège de Monseigneur Tisserant…

En novembre 1981, à la mort de son ami, Audouard confie dans *Le Canard enchaîné* : « Les vrais enterrements viennent de commencer, ceux où l'on enterre ceux qu'on aime. Le genre d'enterrement dont nous finirons par être, à tour de rôle, le seul participant qui ne marche pas à pied. J'ai suivi avec Brassens suffisamment de ces rallyes pédestres pour m'octroyer le droit de prononcer la phrase rituelle dont il accompagnait jusqu'au trou la vedette du jour :
– Ah, le con ! Regarde ce qu'il nous a fait !

Le con, cette fois, c'est lui ; sa mort aura été son premier manque de tact, sa première inadvertance. Inadmissible fausse note chez un homme qui avait l'oreille aussi juste, en musique comme en amitié. Je n'attendais pas ça de lui qui n'a jamais fait de peine à personne et qui avait l'élégance de nous faire croire qu'il avait besoin de nous. Seules ses chansons ont désormais le droit de parler de lui. »

―――――

Auvergnat (L')

Les Auvergnats sont les habitants de l'Auvergne, province du centre de la France regroupant les départements de l'Allier, du Puy-de-Dôme, du Cantal et de la Haute-Loire. Arrivés en masse à Paris au début du XIXe siècle, ils feront profession de bistrotiers et de marchands de bois et charbon. Sous le nom de « bougnats », ils deviendront alors des personnages pittoresques du folklore parisien. Travailleur et âpre au gain, l'Auvergnat, avait la réputation d'être particulièrement avare. Un préjugé quelque peu « méprisant » que Brassens entreprend de combattre dans une de ses plus fameuses chansons, faisant de l'Auvergnat le symbole de la générosité.

L'Auvergnat de Brassens s'appelait en réalité Marcel Planche et n'était pas vraiment Auvergnat puisque de Seine-et-Marne. C'était le mari de Jeanne, elle aussi mise à l'honneur dans le deuxième couplet de cette chanson. Si *Chanson pour l'Auvergnat* rend hommage au couple Planche qui accueille Georges Brassens impasse Florimont, la chanson aura une résonnance toute particulière auprès du public dans le contexte d'après-guerre où toute une partie de la population miséreuse des villes se sent exclue des fruits de ces années de reconstruction.

———————

AVERTY Jean-Christophe
Un vrai « Cinglé du music-hall », comme le suggère le titre de sa célèbre émission de radio. Né en 1928, il débute sa carrière à la télévision en 1952. Outre le demi-millier d'émissions de radio et télévision qu'il produira ou réalisera, il touchera à tous les genres : jazz, théâtre, variété, chanson, pop (le show inoubliable de 1968, « Idea » avec les Bee Gees et Julie Driscoll), chanson francophone traditionnelle aussi bien que yé-yé, filmant et mettant en scène les plus grands noms du spectacle comme Yves Montand, Tino Rossi, Dalida, Serge Gainsbourg, France Gall, Gilbert Bécaud, Léo Ferré, etc... En 1979 il réalise le show sobrement intitulé « Georges Brassens » durant lequel l'artiste interprétera une vingtaine de chansons, dont une signée Charles Trénet, *Y a d'la joie* (l'émission fut éditée en vidéo par PolyGram sous le titre « Georges Brassens unique »). Le style Averty, souvent considéré comme dérangeant ou déconcertant, se

voulait tout simplement inventif et résolument moderne.

───────

Aznavour Charles

Né à Paris en 1924, Varenagh Aznavourian, dit Charles Aznavour, auteur-compositeur-interprète, aurait peut-être aimé être propulsé par Patachou, comme Brassens, mais celle-ci le jettera de son cabaret avec un « Revenez me voir quand vous aurez arrêté de fumer ! ». Outre la chanson (Aznavour assistait souvent aux premières de Brassens), tous deux étaient liés par leur amour du cinéma, et pas seulement comme spectateurs : Brassens fera l'acteur dans *Porte des Lilas* et composera plusieurs musiques de films (*Les Copains* en 1964, *Heureux qui comme Ulysse* et *Le Drapeau noir flotte sur la marmite* en 1971), et Aznavour, lui, tournera dans plus de 60 films, dirigé par Jean Cocteau, Jean-Pierre Mocky, François Truffaut, Henri Verneuil, Julien Duvivier, Claude Chabrol, Claude Lelouch pour n'en citer que quelques-uns.

Après avoir passé des années dans l'ombre (Piaf a chanté son *Jezebel* et Juliette Gréco connut le succès avec *Je hais les dimanches*), Aznavour avait commencé à séduire le grand public (*Sur ma vie*, 1954). Ses années 60 furent flamboyantes (*Tu t'laisses aller*, *Je m'voyais déjà*, *Il faut savoir*, *Les Comédiens*, *La Mamma*, etc.). Le succès, ensuite, ne s'est jamais démenti.

───────

B

BACCHUS

Beaucoup de personnages de Brassens ont un goût prononcé pour la dive bouteille, le poète lui-même allant jusqu'à consacrer toute une chanson aux vertus du vin. Pas étonnant dans ces conditions qu'il mentionne à deux reprises Bacchus, version romaine de Dionysos, dieu de l'ivresse et de la vigne.

——————

BANVILLE Théodore de

« Ces pendus, du diable entendus, /Appellent des pendus encore… ». *Le Verger du Roi Louis* est un étrange poème de Théodore de Banville, mis en musique et interprété par Georges Brassens. Étrange, voire morbide, ce « verger » est un immense gibet où des chapelets de pendus sont comme « Des grappes de fruits inouïs ». Ce texte traite du même sujet

qu'une célèbre chanson de Billie Holiday, écrite 80 ans après, *Strange Fruit*, un plaidoyer contre les lynchages qui avaient alors cours dans le sud des États-Unis : « Les arbres du Sud portent un étrange fruit, / Un corps noir qui se balance dans la brise du Sud, / Étrange fruit suspendu aux peupliers. »
Le Verger du roi Louis est celui de Louis XI, qui faisait exécuter ses opposants par pendaison. C'est le seul poème de Banville sur lequel Brassens a composé une mélodie quasi médiévale. Certes, le chanteur a dû être séduit par ce texte, néanmoins, il faut aussi noter que le mot, renvoyant l'image du « pendu », est présent dans 12 autres chansons de Brassens.

Barbara

Auteur-compositeur majeur de la chanson française, Barbara (1930-1997) commence sa carrière comme interprète. Avant d'oser soumettre au public ses propres chansons, elle enregistre trois albums studio de reprises, dont, en 1960, le 25 cm « Barbara chante Brassens », et l'année suivante « Barbara chante Jacques Brel ». Si le Flamand n'est encore qu'un chanteur en pleine ascension, le Sétois, lui, est déjà un artiste reconnu, même une grande vedette. La difficulté pour Barbara sera de faire oublier par ses relectures le phrasé et le jeu de guitare si caractéristiques de Brassens. Avec son piano et sa voix éthérée, elle s'acquittera plutôt bien de la tâche, choisissant pour cela de préférence des chansons de portée universelle : *La Marche nuptiale – Le Père Noël et la petite fille – Pauvre Martin – La Légende de la nonne – Oncle Archibald – Pénélope – Il n'y a pas d'amour heureux – La Femme d'Hector*. Pour sa part, Brassens dût être content du résultat puisque quatre ans plus tard, du 21 octobre au 9 novembre 1964, il demanda à Barbara de chanter en première partie de son récital de Bobino.

───────────

Barclay Eddie

La fidélité n'est pas un vain mot, chez Brassens en tout cas, car malgré toute l'amitié qu'il portait à Eddie Barclay, il restera toute sa vie chez Philips. Sa signature sera la seule manquante au prestigieux catalogue qui alignait tous, ou presque, les grands noms de la chanson de variété (Henri Salvador, Eddy Mitchell, Dalida, Bardot, Nicoletta, Mireille Mathieu, Balavoine, Hugues Aufray, etc.) et de la chanson française (Brel, Ferrat, Ferré, Nougaro, Aznavour, Pierre Perret). Pourtant, ce n'est pas faute, de la part de Barclay, d'avoir essayé de le débaucher, au point de publier, dans les années 50, un album intitulé « Eddie Barclay et son grand orchestre jouent Brassens ». De son vrai nom Édouard Ruault (1921-2005), Eddie Barclay fit souvent la une des journaux, en particulier pour le nombre impressionnant de ses mariages. Mais cela ne doit pas faire oublier qu'il a complètement révolutionné le monde du disque en France en commercialisant le microsillon de vinyle au moment où le pays en était encore au 78-tours lourd et fragile. Grâce à Eddie Barclay, une face de disque durerait désormais jusqu'à 20 minutes, contre 3 ou 4 auparavant.

───────────

Bardot Brigitte

En 1963, Brassens caresse un rêve un peu fou : il adorerait entendre ses vers chantés par BB, grande star du cinéma qui s'est mise à la chanson. Précisément, il aimerait bien lui confier *La Traîtresse*. Poliment, Bardot va décliner l'offre : « Quelle belle chanson, monsieur Brassens... mais moi je vais la saccager ! ». Parisienne née en 1934, Brigitte se lança comme mannequin, posa pour des magazines avant de révolutionner le grand écran : en 1952, le public la remarque dans *Manina, la fille sans voile* dans lequel elle chante (déjà) deux chansons. En 1956, *Et Dieu créa la femme*, certes sulfureux pour l'époque, déclenche un tollé de protestations mais lui offre une renommée internationale. Dans *Le Mépris*, elle chante *Sidonie*, son premier «tube» en 1962. Sa rencontre avec Gainsbourg donne naissance à de nombreuses chansons à succès : *L'Appareil à sous, Bubble gum, Harley Davidson*, et en duo *Bonnie and Clyde*. C'est pour elle que Serge Gainsbourg écrit *Je t'aime... moi non plus* en 1967 ; ils l'enregistrent en duo mais la version ne sortira qu'en 1986. En 1973, B.B. abandonne définitivement le cinéma. Elle continuera en revanche d'enregistrer des disques dans les années 70 et 80... mais toujours pas de chanson de Brassens !

_____

BAROUH Pierre

Acteur et auteur-interprète dans le film *Un homme et une femme* en 1966, Pierre Barouh est un auteur-compositeur, fondateur du label Saravah. Brassens écrit de lui dans une préface, alors que Barouh est encore inconnu : « Nouveau venu dans la chanson, il sait ce qu'il dit, ce qui n'est pas très courant à cette heure, et il le dit bien, phénomène encore plus rare. Le chanteur en 1983 rendra à Brassens un hommage posthume dans sa chanson *Pépé* : « Il portait depuis l'enfance /

L'amour des fleurs et des chats / L'amour des gens sans défense / Amour que rien n'empêcha / Dans ses chansons / Toujours on se retrouvera / Et ses chansons / Sans fin on les chantera. »

_____

Barrès Robert

Comme tout bon libertaire qui se respecte, Brassens devrait tirer à vue sur tous les symboles de l'ordre établi : bourgeois, flics et gendarmes, curés. Or, s'il prend volontiers pour cible philistins et pandores, il est toujours beaucoup moins féroce quand il s'agit des prêtres. Est-ce parce que le problème de la foi n'a jamais cessé de le tourmenter, il aime volontiers entamer le dialogue avec les hommes de Dieu, notamment avec l'abbé Robert Barrès, son ami d'enfance, de quatre ans son aîné. Malgré l'éloignement géographique, Georges et Robert ne se perdront jamais de vue. Vers la fin de sa vie, Brassens ira même jusqu'à rendre hommage dans *La Messe au pendu*, chanson sur la peine de mort, à un ecclésiastique qui ressemble comme deux gouttes d'eau à son ami curé. Et l'anar invétéré de « confesser » : « Anticlérical fanatique / Gros mangeur d'ecclésiastiques, / Cet aveu me coûte beaucoup, / Mais ces hommes d'Église, hélas ! / Ne sont pas tous des dégueulasses, / Témoin le curé de chez nous… / Quand on crie « À bas la calotte » / À s'en faire péter la glotte, / La sienne n'est jamais visée. »

_____

Battista Eric

Dans sa garde rapprochée, Brassens se devait d'avoir un spécialiste du corps. Tout comme Mario Poletti est le fournisseur de livres, Jean Bertola le consultant musical, René Fallet le littéraire, « le sauteur », ce sera Eric

Battista, champion de France du triple saut au moment de sa rencontre avec le chanteur, à son passage à *Bobino* en 1957. Par la suite Battista participera par trois fois aux Jeux olympiques, et aux championnats d'Europe de 1958.

Battista, natif de Sète comme Brassens, va devenir petit à petit, un habitué de l'impasse Florimont, puis faire partie de l'équipe des gros travaux de la maison de Brassens à Crespières dans les Yvelines. Avec Jean Bertola et Pierre Maguelon notamment, il détourne, à la demande de Georges, le cours du Ru de Gally, petit ruisseau dont le bruit, prétend Brassens, le gêne dans son sommeil…

Quand le poète achète, au début des années 70, une maison à Lézardrieux en Bretagne, Battista l'y retrouve souvent en vacances. Eric, encouragé par Brassens, se met à la peinture.

Dans le jardin de Kerflandry – le nom de la propriété – il lui arrive aussi d'avoir, en compagnie de Brassens, des activités moins artistiques, notamment le tir à la carabine, sur des boîtes de conserves, voire sur des rats, attirés avec des croutons de pain. « Des tireurs lamentables » commente Danielle Heymann, journaliste et épouse de Jean Bertola. Bizarrement, et en contradiction singulière avec ses positions pacifistes et antimilitaristes, Brassens possédait plusieurs carabines et 2 revolvers.

Dans l'exercice de la comparaison, Brassens s'est toujours voulu plus musclé et plus mince que Battista. Celui-ci, le « body coach » de Brassens, que ce dernier surnommait aussi « le sportif imbécile », ne lui en tenait pas rigueur et allait prendre encore plus d'importance quand Brassens sera gagné par la maladie. Il restera présent et proche jusqu'aux derniers instants de l'artiste, à Saint-Gély-du-Fesc. Tenant un journal intime dans lequel il notait des conversations et des paroles de Georges Brassens, il y avait rapporté ce dialogue.

« Tes chansons semblent devoir te survivre » dit-il à Georges dans l'un de ses entretiens intimes. « Il faudra auparavant que tu casses ta pipe. La mort enfante l'immortalité. »

Brassens : « N'y compte pas ! Je t'enterrerai avant, comme promis. À t'entendre, il suffira donc que je quitte la terre pour devenir génie ? Je n'aspire pas à cette volonté posthume. Le souci de la postérité est une aberration de vivant. »[1]

1/ *Georges Brassens, Entretiens et Souvenirs Intimes*, Eric Battista, Éditions Équinoxe, 2001.

———

BÉARN Pierre

Si, parmi ses amis, Brassens comptait quelques romanciers – René Fallet, Jean-Pierre Chabrol, Louis Nucéra – plus rares furent les poètes, une espèce, il est vrai, en voie de disparition. Pierre Béarn, de son vrai nom Pierre-Gabriel Besnard, fut de ceux-là. Ce personnage des plus pittoresques, qui avait plus d'une corde à son arc – il fut fabuliste, libraire, critique gastronomique, animateur de radio –, mourut en 2004 à l'âge de 102 ans. Quelques mois avant sa mort, il avait épousé sa muse, Brigitte Egger, du même âge que lui.

———

BÉART Guy

C'est Brassens qui rédigera les notes de pochette de son premier 45 tours (*Qu'on est bien*, 1957). Il faut dire que les deux hommes se connaissent depuis trois ans : leur rencontre avait eu lieu en

1954 au sortir d'un concert de Georges à Nice : Guy, à ses heures perdues, écrivait des chansons et il osa ce soir-là les montrer à celui qu'il appellera désormais son « bon Maître ». Grâce à Brassens qui l'encourage à les présenter aux grandes interprètes du moment, ses chansons seront enregistrées par Patachou, Juliette Greco et Zizi Jeanmaire. Il commence alors à se faire un petit nom, « Béart », plutôt que Behar, son véritable patronyme. Né au Caire en 1930, il était jusqu'alors ingénieur des Ponts-et-Chaussées. Et le soir, comme Brassens et beaucoup d'autres, il « courait le cachet », se faisant la voix dans les cabarets. La réussite – époustouflante ! – vient un peu par hasard : en 1960, bien que sortie depuis deux ans déjà, on entend toujours autant *l'Eau vive* interprétée par Colette Renard, Marcel Amont ou son créateur. Il s'agissait d'une «commande» : François Villiers avait demandé à Guy de composer la musique du film *L'Eau vive*, réalisé à partir d'un roman de Jean Giono, présenté en 1958 au Festival de Cannes. Le succès de la chanson dépassa largement celui du film. À partir de 1966, Guy conduit une émission de télévision très populaire, *Bienvenue à...* dont un numéro sera consacré à Brassens en 1972. Touché par un cancer, il disparaît quelques années de la vie publique pour n'y revenir qu'en 1985. Sur Europe 1, au micro de Frédéric Taddeï, il explique en 2010 que son éloignement du disque et de la scène l'avaient quasiment ruiné ; se découvrant plus heureux pauvre que riche, il a intitulé son dernier album *Le Meilleur des choses*.

___

BÉCASSINE

Avant d'être le titre d'une chanson

de Brassens, Bécassine fut le nom d'un personnage de bande dessinée apparu pour la première fois en 1905 dans *La Semaine de Suzette*. De son vrai nom Annaïck Labornez, Bécassine est une bonne bretonne un peu sotte. Comme dans *Les Sabots d'Hélène*, Brassens va s'emparer d'un cliché péjoratif pour en faire un parangon de beauté. Car sous la coiffe de Bécassine se cache la toison d'or. La chanson semble dédiée à Armand Robin, d'origine bretonne, que Brassens connut lors de sa jeunesse anarchiste et qui ici symbolise la victoire de l'amour sur la cupidité. Repoussant les avances des « gros bonnets, grands personnages », Bécassine préfère offrir ses charmes, en l'occurrence ses accroche-cœurs, à « une espèce de robin n'ayant pas l'ombre d'un lopin ». Musicalement, « Bécassine » est une chanson atypique dans l'œuvre de Brassens puisqu'elle est la seule à être construite sur un rythme de sardane, danse catalane sans doute familière aux oreilles du Sétois.

BERTOLA Jean

Jean Bertola était pianiste et compositeur. Au début de sa carrière, il a accompagné Charles Aznavour, puis a traversé une période « crooner » à la française avec un certain succès. Il obtient même un Prix du Disque en 1957. Directeur artistique pour la firme Polydor, la première marque pour laquelle Georges Brassens enregistre, il devient une sorte de référence musicale pour le chanteur. Avec Bertola, Georges va peaufiner chaque musique, chaque enregistrement, chaque tour de chant. Toutes les remarques, suggestions du musicien professionnel étaient intégrées par Brassens, phrasés, harmoniques, grilles d'accords. Après la mort de Georges Brassens, cet ami de toujours lui rendra un bel hommage : il retourne en studio pour interpréter 17 chansons posthumes de Brassens, conservées précieusement par Gibraltar, le secrétaire personnel de Georges dans la « petite valise bleue » du poète. Le double disque paraît en 1982, récompensé par le prix de l'Académie Charles Cros et se vendra à 150 000 exemplaires. Une autre série de 12 chansons inédites paraîtra 3 ans plus tard, parmi lesquelles le truculent *S'faire enculer*. Bertola est mort en 1989.

Bidet

Appareil sanitaire, en métal ou en porcelaine, destiné à la toilette intime. C'est aussi le surnom de Brassens pendant la guerre lors de son séjour à Basdorf en Allemagne, dans le cadre du Service du travail obligatoire (STO). En référence à une chanson qu'il avait composée où il était question d'un « bidet d'hygiène » fendant une boîte crânienne.

Blanchecaille

Margot la blanchecaille… Margot, l'un des personnages féminins les plus présents dans les chansons de Brassens, se retrouve dans trois chansons du poète : *Les Amours d'antan*, *Je suis un voyou*, et bien évidemment *Brave Margot*.

C'est dans la première des trois qu'elle se retrouve une « blanchecaille ». En argot des années 30, ce terme désigne une blanchisseuse. Le dictionnaire d'argot de référence, *Le petit Simonin illustré*, en décrypte l'étymologie : Blanchecaille, composé du féminin de l'adjectif *blanc* et de *caille* par allusion aux mœurs légères attribuées aux blanchisseuses dans le milieu qui parle argot.

La chanson est sortie fin 62 dans l'album « Les Trompettes de la renommée », une sorte de version de Brassens de l'ambiance début de siècle de *La Bohème* de Puccini. Elle foisonne de tendres références aux filles de barrière, aux « dames du temps jadis » à Mimi, Fanchon la cousette, Manon, Suzon, Musette, Lisette, Suzette… On se croirait presque dans *Notre-Dame de Paris* de Victor Hugo, un des écrivains préférés de Brassens.

———————

BLIER Bernard

« Depuis Charles Trenet, je n'ai jamais ressenti une émotion semblable devant un tel talent, une telle débauche de poésie. Georges Brassens est à mon avis un évènement dans la chanson. »

Bernard Blier fait cette déclaration en 1953, alors que Brassens débute. Les deux artistes se sont croisés dans l'émission *La Joie de vivre*, où Brassens interprète *Le petit cheval* le poème de Paul Fort. Blier, ancien élève de Louis Jouvet, est alors acteur pour de grands seconds rôles avec les metteurs en scène du moment, Delannoy, Cayatte, Guitry.

Une bonne dizaine d'années plus tard, ils vont se retrouver en bonne compagnie à « L'enclos », la maison de Michel Audiard à Dourdan, dans les Yvelines. Autour de la table, René Fallet, Jean Carmet, Maurice Biraud, Francis Blanche, Jean Gabin, Bernard Blier, Lino Ventura, André Pousse, Frédéric Dard… Brassens et Blier. Audiard, le dialoguiste a la dent dure, et ses invités passent au karcher le gratin – absent – du métier. Certains, comme Henri

Verneuil, disaient retarder leur départ de peur d'être les victimes du jeu de massacre une fois le dos tourné...

_____

BOCCARA FRIDA

On lui doit une belle version, en 1979, de *La Prière (Je vous salue Marie)*, poème de Francis Jammes mis en musique par Brassens. Dix ans plus tôt elle figurait en première partie du programme de Georges Brassens à Bobino, du 14 octobre 1969 au 4 janvier 1970. Pour elle, la notoriété vint tardivement : née à Casablanca en 1940, Danielle Frida Hélène Boccara, chanteuse française d'origine italienne, avait sorti son premier 45-tours en 1960. Elle mit des années à percer dans l'Hexagone : le succès ne vint qu'en 1968 (*Cent mille chansons*) et la consécration en 1969 (*Un jour, un enfant*, Grand Prix du concours de l'Eurovision). Entre-temps, elle s'était produite sur de nombreuses scènes du monde entier, dans 85 pays (en plus du français elle parlait parfaitement l'espagnol, le russe, le portugais, l'arabe et l'hébreu), et particulièrement ceux de l'Est européen. Elle n'était, hélas, qu'interprète et les chansons qu'on lui proposait n'étaient pas toujours à la hauteur de son talent. Elle fut nommée chevalier de l'ordre des Arts et des Lettres par le ministre de la Culture Jack Lang. Elle est décédée en 1996.

_____

BOITON André

Surnommé par Georges Brassens « Boiton l'enchanteur », André Boiton fut son professeur de français au collège de Sète et saura le conseiller et l'encourager dans ses aspirations et ses goûts pour la chanson. En classe de cinquième, il lui fera découvrir

Jean de La Fontaine et François Villon qui l'accompagneront pendant toute sa vie. « Non seulement j'aime La Fontaine mais j'espère que cela se voit dans mes chansons » dira Brassens, « j'ai besoin de Jean de La Fontaine, j'ai besoin de François Villon et plus je les connais, plus j'ai envie de vivre avec eux ». Peu de temps avant sa mort, Brassens lisait et relisait La Fontaine.

BONNAFÉ Alphonse
« On était des brutes et on s'est mis à aimer les poètes ». L'homme qui a opéré cette transformation en Brassens, c'est son premier « maître », dans tous les sens du mot. Alphonse Bonnafé, « le boxeur », surnom que lui ont donné ses élèves parce qu'il avait été champion de France universitaire dans cette discipline, est un jeune professeur de français et de latin qui arrive au collège de Sète en 1937. Brassens et ses copains sont séduits, d'abord par son look : Bonnafé a troqué la tenue classique du prof de l'époque, costume sombre et couvre-chef de rigueur, contre un sportif pull col roulé et les cheveux en liberté.

Mais c'est surtout que ce jeune homme, qui n'a qu'une dizaine d'années de plus que ses élèves, va initier sa classe aux plus grands : Baudelaire, Mallarmé, Verlaine, Villon, et le poète sétois, Paul Valéry. Les méthodes de l'enseignant sont jugées peu orthodoxes par sa hiérarchie : il lui arrive de faire son cours sur Baudelaire en faisant écouter une version chantée de ses poèmes sur un phonographe apporté par ses soins.

Grâce à lui, Brassens va déployer ses ailes : « Jusque-là, on n'aimait que les chansons et je commençais même à en écrire. Et puis grâce à ce prof, je me suis ouvert à quelque chose de plus grand. J'ai voulu devenir poète. J'ai vécu deux ou trois ans en voulant devenir Villon. »

Le maître et l'élève se perdent de vue par la suite, Bonnafé est muté à Madagascar. De retour à Paris, Bonnafé sera une fois de plus une… bonne fée pour Brassens, rencontré par hasard dans les rues de la capitale : « Je lui ai fait lire mes poèmes de cette époque, de 42 à 44, il m'a dit que ça n'avait aucun intérêt. C'était pas trop mal tourné, mais je régurgitais tel quel tout ce que je venais de recevoir… Je n'avais pas transformé en miel tout ce que j'avais butiné. Sans lui, j'aurais pu continuer longtemps dans cette mauvaise voie.»[1]

Bonnafé va enfin introniser Brassens dans le panthéon de la poésie en lui écrivant l'ouvrage qui lui est consacré dans la série « Poètes d'aujourd'hui » aux éditions Seghers, en 1963. Bonnafé lui fera un bel éloge : « Voilà longtemps (depuis Hugo ou Rimbaud) qu'un poète n'avait pas pris les proportions d'un mythe. » [2]

1/ « Entretien avec Philippe Nemo », France Culture, 1979.
2/ *Georges Brassens*, Alphonse Bonnafé, poètes d'aujourd'hui, Seghers 1963.

BONZON Jean

Ingénieur du son, Jean Bonzon enregistra la plupart des disques de Brassens à partir de 1963. Les séances se déroulaient à Paris au studio Blanqui ou à celui des Dames. En 1966, Bonzon se déplaça jusqu'à la maison de campagne du chanteur, à Crespières dans les Yvelines, pour y enregistrer ce qui ne devait être qu'une maquette de travail mais fut finalement commercialisé comme un album à part entière. L'un des principaux soucis de l'ingénieur du son était d'étouffer le bruit que faisait Brassens en battant la mesure avec son pied. Il utilisait pour cela une couverture étalée sur le sol. Bonzon avait également l'habitude de laisser tourner son magnétophone entre les prises, saisissant ainsi sur le vif les commentaires de Brassens, spontanés et parfois féroces, sur différents sujets : ses collègues chanteurs, les directeurs artistiques, les musiciens.

BORIS JEAN-MICHEL

Jean-Michel Possicelsky, présenté comme le neveu de Bruno Coquatrix, est le fils du plus jeune frère de Paulette Coquatrix. En 1953, il découvre Georges Brassens qui devient sa passion. « J'avais très envie de l'entendre et c'est un des arguments qui m'a décidé à monter à Paris parce qu'il allait passer à l'Olympia ». Il accepte en 1959 le poste de directeur artistique pour pouvoir être en contact avec son idole. En outre il modernise la programmation de l'Olympia, permettant à la vénérable salle de négocier le virage du yé-yé et du rock tout en continuant à célébrer les grands noms de la chanson traditionnelle. Abonné à la salle plus intime de Bobino, Brassens se produira néanmoins neuf fois à l'Olympia, entre 1954 et 1965. En décembre 1962, le soir de la première, alors qu'l souffre d'une crise de coliques néphrétiques, il reste en scène et sur l'insistance de Bruno Coquatrix, il honorera ses engagements jusqu'à Noël. Mais ce sera une épreuve pénible et plusieurs médecins devront se relayer en coulisses pour tenter d'apaiser ses souffrances. Et chaque soir, une ambulance l'attendait pour le ramener à son domicile.

———————

BOUDARD Alphonse
L'écrivain Alphonse Boudard et Brassens se sont retrouvés autour d'un goût commun : l'argot. Boudard, avec son passé un peu truand, ses origines parigotes du 13e arrondissement, est d'un style proche de René Fallet, le grand ami de Brassens. C'est Boudard qui écrit le livre *La Métamorphose des Cloportes* que deux autres proches de Brassens porteront à l'écran, Michel Audiard et Lino Ventura. Les romans de Boudard sont en fait des versions « améliorées » des faits réels de sa vie de mauvais garçon. Boudard est amateur d'une langue « où les gauloiseries, les truculences et l'argot des voyous rencontrent « la petite musique des nostalgies ». Les chansons de Brassens, comme *La Complainte des filles de joie,* sont truffées de cet argot sympathique un peu désuet, l'argot des mauvais garçons d'entre les deux guerres, ou même des apaches de la fin du XIXe siècle. « Faire les cents pas le long des rues / C'est fatigant pour les guiboles / C'est fou ce qu'elles usent de grolles... »
Dans la bibliothèque du poète figure en bonne place *La Méthode à Mimile,* le dictionnaire d'argot d'Alphonse Boudard. Il lit régulièrement les romans de son ami, dont le chanteur Pierre Louki héritera après sa mort, notamment *L'Hôpital.* L'homme qui avait tant de mots divers et variés pour les « flics » – argousins, cognes, chaussettes à clou, pandores, sbires... –, devait avoir des dialogues « commak et balèzes » avec le frère de lettres d'Albert Simonin...

———————

Bouillon Jo

À l'origine violoniste, Jo Bouillon (1908-1984), dirigea à partir des années 1930 un orchestre de jazz français réputé, dans la lignée de celui de Ray Ventura et ses collégiens. À l'initiative de sa demi-sœur Simone, Brassens, encore adolescent, assista à un concert de l'orchestre swing de Bouillon. Enthousiasmé, en rentrant chez lui, il annonça à ses parents, atterrés, son intention de suivre les cours du conservatoire pour devenir musicien. S'il ne le fit pas, il resta toujours fidèle au swing de sa jeunesse. Quant à Jo Bouillon, créateur de la chanson à succès *Lycée Papillon*, il devait par la suite épouser la chanteuse et meneuse de revue Joséphine Baker, qui contribua à introduire le jazz en France par la Revue nègre dans les années 1920.

Boulard Georges

Victor Laville, l'un des tout proches amis du chanteur, le surnomme « le glouton de Brassens ». Imaginez un paysan du Haut-Vaucluse, un gaillard au sourire généreux sous la moustache de rigueur. Le matin, il est injoignable, il vend le produit de son exploitation sur les marchés des environs. En revanche, l'après-midi, Boulard est tout entier occupé à la passion de sa vie : Georges Brassens. Depuis 1952, où il a entendu pour la première fois *La Chasse aux papillons*, Georges Boulard (même prénom et mêmes initiales que le poète) n'a cessé d'œuvrer pour Brassens.

Et pourtant les deux hommes ne se rencontreront (presque) jamais. Boulard assiste dès 1956 aux tours de chant du chanteur ; l'artiste lui signe la même année un autographe à la sortie de son spectacle à Dieulefit dans la Drôme. En Septembre 81, un musicien de l'entourage de Brassens lui offre d'organiser une rencontre à Paris, rue Santos Dumont. Mais Brassens meurt le mois suivant.

Boulard décide alors de tout savoir sur la vie et l'homme ; il entreprend de rencontrer tous les témoins, les amis proches : Émile Miramont, Pierre Onténiente (Gibraltar), Victor Laville, René Iskin, Yvan Audouard, Joha Heinman (Püppchen), Jean Pierre Chabrol...

Très vite naît l'idée d'un festival. Un festival consacré naturellement à tous ceux qui perpétuent les chansons et l'esprit du poète. La manifestation voit le jour en 1997, à Vaison-la-Romaine, et depuis cette date, elle accueille chaque année, dans la dernière semaine d'avril, formations et artistes venus de toute la France, de l'Europe ou du Québec. C'est Georges Boulard qui coordonne le tout, attentif et actif ; et il n'est pas peu fier de ce que, grâce au Festival, une place de Vaison-la-Romaine porte désormais le nom du chanteur. Un livre est né de cette aventure, *Brassens Passionnément* (Georges Boulard, BP 5, 84110 Vaison la Romaine).

Bourvil

« Il venait me donner des conseils de jardinage, conseils que je n'ai jamais suivis car je n'étais pas assez doué », dit Brassens de Bourvil. Les deux timides firent semblant de s'intéresser au jardinage pour pouvoir se rencontrer ! Brassens et Bourvil étaient voisins, mais l'un avait la réputation d'être un ours, l'autre de ne pas aimer qu'on vienne le déranger. Comme ils auraient risqué de ne jamais se croiser, Brassens usa d'un subterfuge : ayant vu Bourvil passer le tracteur, la tondeuse à gazon dans sa propriété, il alla le trouver pour demander conseil au spécialiste du jardinage qu'il croyait qu'il était. Finalement, tous deux s'en moquaient, des modèles de tracteur ou de tondeuse à gazon qu'il fallait acheter... mais la glace était rompue. André Raimbourg dit Bourvil (1917-1970) fit l'acteur dans plus de 60 films mais Brassens aimait tout autant le chanteur : « J'aimais beaucoup sa voix, et je ne reste jamais deux ou mois sans réécouter sa chanson *Les Rois fainéants* ».

_____

BOUYÉ HENRI

L'homme avait deux cordes à son arc : il était simultanément secrétaire général de la Fédération anarchiste et… fleuriste-paysagiste. Georges Brassens avait rencontré Bouyé en 1945 lors d'une réunion de la Fédération anarchiste du 15ᵉ arrondissement. Brassens avait par ailleurs pris contact avec le journal anarchiste *Le Libertaire*. Il avait envoyé à la rédaction un article où il faisait le portrait d'un policier collaborationniste toujours en activité après la Libération. Et l'humour féroce de Brassens avait visiblement plu au journal, qui avait ainsi publié le premier écrit de Brassens jamais paru dans la presse. `

Surpris, le jeune homme va aussitôt chercher à voir Henri Bouyé qu'il savait travailler à la rédaction du *Libertaire* : « Un beau jour, me trouvant à mon travail, avenue de la République, je vois arriver un grand gaillard moustachu, un tantinet débraillé, chevelure abondante et négligée, au regard quelque peu inquiet et indéchiffrable mais cependant non avare d'un sourire plein de sous-entendus. Il attaque ainsi :

– Dis-donc c'est formidable que vous ayez eu le culot de publier mon article. Je vous l'ai envoyé mais sans grand espoir qu'il soit imprimé, vu son contenu vachement anti-flic. Vous, au moins les anarchistes, vous ne vous dégonflez pas !
Et il ajoute, mi-sérieux, mi-plaisantin :
– Parce que tu sais, moi, je suis un peu fou… on me l'a déjà dit. »
(Henri Bouyé, numéro 1121 du *Monde libertaire*)
Henri Bouyé va proposer alors à Brassens un poste de correcteur – bénévole – au marbre du *Libertaire*. Il écrira régulièrement dans le journal, y occupera brièvement les fonctions de secrétaire de rédaction, quelques mois, avant d'arrêter toute collaboration, déçu de son travail placé sous la surveillance des « dirigeants » anarchistes. Bouyé sera enfin le bras armé du destin de Brassens. Il tient sa boutique de fleurs près de la place de la République, et il se trouve que l'un de ses clients est le chansonnier Jacques Grello. Grello va rencontrer Brassens, et l'introduira dans le circuit des cabarets parisiens. La suite est connue…

———

BRASSENS JEAN-LOUIS
Le 4 décembre 1919, Elvira Dagrosa, veuve d'un mari mort pendant la Guerre de 14-18, à la bataille de la Marne, se remarie avec Jean-Louis Brassens, fils de ses voisins, Jules et Marguerite Brassens. Comme son père, Jean-Louis, communément appelé Louis, est maçon. Louis Brassens est un « taiseux » peu porté sur la faconde. Georges, son fils, dira de lui : « Avec mon père, on se parlait assez peu, on se sentait (…) C'était une sorte de mur à peu près infranchissable. Il y avait entre

nous une complicité muette, une sorte d'entente tacite ». Ses rapports avec ce père, peu loquace, Georges les évoquera dans l'une de ses premières chansons, composée au camp de Basdorf en 1943, et enregistrée en duo avec Patachou en 1952. Loin de sa famille, l'ouvrier du STO se souvient : « Papa, papa, en faisant cette chanson, / Papa, papa, je r'deviens petit garçon, / Et je t'entends, sous l'orage, / User tout ton humour / Pour redonner du courage / À nos cœurs lourds. / Papa, papa, il n'y eut pas entre nous, / Papa, papa, de tendresse ou de mots doux, / Pourtant on s'aimait, bien qu'on ne se l'avouât pas » (*Maman, papa*). Louis Brassens est autant pudique et éloigné des choses de la religion que sa femme est volubile et pieuse. Des qualités que le jeune Georges apprécie : « Il m'a toujours beaucoup plu parce qu'il ne s'est jamais tellement occupé de mes affaires ». Pourtant, en mai 1939, lorsque le Georges se retrouve sous les verrous pour une sombre affaire de vol de bijoux, Louis se rend au commissariat et au lieu de la leçon de morale attendue se borne à dire à son fils : « J'en ai fait des conneries, moi aussi. Mais celle-là je ne l'avais jamais faite ! ». Cet incident, et la magnanimité de son père, Georges en fera une chanson sortie en 1966, un an après la mort de Louis. Et Brassens de rendre hommage à sa façon à ce père qui fut, malgré tout, un modèle pour lui : « Dans le silence on l'entendit, / Sans vergogne, / Qui lui disait : "Bonjour, petit, Bonjour petit" / On le vit, on le croirait pas, / Sans vergogne, / Lui tendre sa blague à tabac, / Blague à tabac / Je ne sais pas s'il eut raison, / Sans vergogne, / D'agir d'une telle façon, / Telle façon. / Mais

49

je sais qu'un enfant perdu, / Sans vergogne, (…), / A de la chance quand il a, / Sans vergogne,/ Un père de ce tonneau-là, / Ce tonneau-là. ». (*Les quatre bacheliers*).

───────────

BRASSENS JULES

« Adieu grand-père, et merci pour cet héritage à la valeur morale inestimable ». Ces mots, Georges Brassens les a inscrits sur la page de garde d'un volumineux ouvrage. Ce trésor que lègue en 1940 Jules Brassens à son petit fils Georges, à sa mort à 84 ans, ce sont les dictionnaires Bescherelle. Car le maçon de Castelnaudary n'en est pas moins instruit. Peut-être se trouve là l'origine de la passion qui va animer toute la vie et l'œuvre de Brassens, le chanteur, ce goût pour les mots, pour la langue. Autre hérédité transmise par Jules, et son fils Jean-Louis, le père de Georges : l'amour du gros-œuvre… Jules Brassens, le maçon, cimente son clan lorsque Jean-Louis épouse Elvira : il surélève la maison familiale d'un étage pour héberger le nouveau couple. Plus tard Brassens usera de la pelle et de la pioche dans sa maison de Crespières, dans les Yvelines, pour y construire un « bunker » ou détourner le cours d'un ruisseau.

Le dernier trait de caractère de Jules Brassens dont Georges va hériter est le sens de l'humour, de la réplique. Georges Boulard le raconte dans son livre chaleureux, *Brassens passionnément* :

« En compagnie d'Emile Miramont, Georges Brassens et sa sœur Simone étaient montés à Paris en 1937 pour visiter l'Exposition internationale.. De retour à Sète, ces derniers présentent avec fierté à leurs parents les prospectus ramenés de l'exposition ainsi que des photographies et cartes postales de Paris. Si Louis et Elvira manifestent un grand enthousiasme, ce n'est pas le cas du grand-père Jules qui trouve à redire à tout : Chaillot était trop grand, la Seine trop étroite... Quant à la Tour Eiffel, dont les « pour » se comptent à parts égales avec les « contre », plutôt que de prendre parti pour les uns ou pour les autres, il trouvera le moyen de trancher en affirmant :« Oui, bien sûr, mais moi à leur place, je l'aurais mise ailleurs. »

———————

BREL JACQUES

Le 9 octobre 1978 mourait Jacques Brel, l'un des plus grands auteurs-compositeurs-interprètes de sa génération. Il a 49 ans. Sollicité par la télévision, Brassens accepte de témoigner. Le visage marqué par le chagrin, les mains crispées, la gorge serrée, il s'exprime avec difficulté : « Moi, j'aime bien parler de la mort pour rigoler, mais, sérieusement, je ne sais pas le faire. Je ne pense pas qu'il soit mort Brel, avec ce qu'il a fait, ce qu'il a écrit, ses qualités d'écrivain, d'auteur... Il est plus vivant maintenant que jamais... L'homme était un être troublant et attachant. Et en même temps difficile à comprendre, parce qu'il était multiple... ». Brel et Brassens étaient amis, d'une amitié qui eut ses hauts et ses bas. Le Méridional et le Flamand se rencontrent pour la première fois en 1952 aux 3 Baudets, où Brassens chante sous la houlette de Jacques Canetti. Alors que pour Brassens le succès est déjà là, Brel, qui peine à s'imposer, multiplie les auditions sans lendemain. En proie au doute, après le spectacle, il fait écouter quelques unes de ses œuvres à Brassens, qui l'incite à persévérer. Les chansons de

Brel sont encore empreintes de bons sentiments, restes de son éducation chrétienne. Sur scène, il se présente habillé d'une chasuble qui rappelle celle de prêtres. Il n'en faut pas plus pour que Brassens l'anticlérical donne au grand Jacques le surnom d'«abbé Brel». Une facétie dont la relation entre les deux hommes pâtira quelque peu. Dès années plus tard, tandis que Brel a rejoint Brassens au sommet et qu'il s'apprête à abandonner le tour de chant, les deux artistes se retrouvent par hasard voisins de palier au Méridien, un grand immeuble du 14e arrondissement où Brassens a emménagé après avoir quitté l'impasse Florimont. C'est l'occasion pour Georges et Jacques de renouer, de dissiper les malentendus et de constater leur admiration mutuelle. Brassens ira même, lors des adieux de Brel à la scène, à l'Olympia, jusqu'à écrire un texte en forme d'éloge pour le programme du spectacle. À propos de l'auteur du *Plat pays*, le Sétois, connu pour sa pudeur et sa retenue, observe avec acuité : « C'est un Belge, mais il est plus que méridional. Il a besoin de taper sur la table quand il est en colère et quand il dit qu'il embrasse, lui, il a besoin d'ouvrir ses bras ». Brassens ne survivra à Brel que trois années. Dans ses œuvres posthumes, on découvrira *Honte à qui peut chanter,* où le Bruxellois et ses chansons sont cités nommément comme un repère historique : « Que faisiez-vous mon cher au temps de l'Algérie, / Quand Brel était vivant qu'il habitait Paris ? / Je chantais, quoique désolé par ces combats : *La Valse à mille temps* et *Ne me quitte pas* ».

BRUANT ARISTIDE

Lorsque Georges Brassens

enregistre des chansons d'Aristide Bruant comme *Belleville-Ménilmontant, À la place Maubert, À la Goutte d'or,* à l'occasion des émissions « Pirouettes » *sur* Europe N°1, on le sent si à l'aise qu'il semble chanter des textes de son répertoire. C'est que le personnage, immortalisé par l'affiche de Toulouse-Lautrec où il figure coiffé d'un large chapeau noir, est un géant. Aristide Bruant (1851-1925), qu'Anatole France surnommait le « maître de la rue », se produisit au cabaret du Chat noir, au Mirlton, avant de se lancer en politique, d'écrire des romans et des pièces de théâtre. Il est l'auteur du fameux *Chat noir* et de son illustre refrain : « Je cherche fortune / tout au long du chat noir / Et au clair de lune / à Montmartre, le soir » dont la popularité est restée intacte pendant plus d'un siècle. Plus qu'un chanteur populaire, c'était un chanteur du peuple doublé d'un esprit de chansonnier socialiste qui marqua la génération des auteurs tels que Pierre Mac Orlan et Francis Carco.

───────────

BULL JOHN

Dans la chanson *Les deux oncles* qui fera polémique, Brassens utilise le nom de John Bull, sobriquet désignant le peuple anglais, pour illustrer les rapports du moment entre la France et l'Angleterre. De Gaulle était alors opposé à l'entrée de l'Angleterre dans l'Union européenne, la jugeant trop inféodée aux USA. « Maintenant que John Bull nous boude » fait référence à la nouvelle donne du jeu des alliances dans l'Europe en construction qui vient contredire le cours récent de l'Histoire. Une occasion pour Brassens d'illustrer ses convictions pacifistes.

———

BURIDAN JEAN
La légende du poème de Villon *La Ballade des dames du temps jadis* associe, à tort, Buridan à l'affaire de la tour de Nesle et aux orgies de Marguerite de Bourgogne et de ses belles-soeurs. « Semblablement, où est la reine / Qui commanda que Buridan / Fût jeté en un sac en Seine ? » fait référence à la rumeur selon laquelle Buridan aurait subi le même sort que les autres amants qui étaient jetés dans la Seine après les orgies d'un soir. Si le philosophe français, docteur en scolastique, recteur de l'université de Paris, Jean Buridan (1292-1363), a laissé son nom à l'histoire c'est surtout comme instigateur du scepticisme religieux en Europe. C'est à ce titre qu'il eut à souffrir de persécution et son œuvre figurer dans l'*Index Librorum Prohibitorum*.

———

C

CABREL FRANCIS

Sa grosse moustache rappelle son admiration pour Georges Brassens… et tous les membres du groupe « les Gaulois » qu'il a fondé lorsqu'il avait vingt ans (1973) avaient obligation d'être moustachus. Une admiration persistante qui le verra, en 1992, interpréter *Les Passantes* sur le CD « Chantons Brassens » ; et en 1999, dans l'émission « Tapis rouge » sur Antenne 2, il entonnera *Les Copains d'abord* et *Le Gorille*, qu'il publiera en « single » en 2007.

Francis Cabrel est né à Agen dans une modeste famille d'origine italienne. Lorsque son oncle lui offre une guitare, le jeune Francis va apprivoiser l'instrument en apprenant à jouer *Like a Rolling Stone*. Depuis, il déclare connaître toutes les chansons de Bob Dylan, ajoutant qu'il a appris l'anglais grâce à ses idoles : Dylan, Neil Young et Leonard Cohen. Selon lui, d'ailleurs, le fait de jouer de la guitare et de chanter lui aurait permis de vaincre une timidité quasi-maladive. *Petite Marie*, en 1974, constituera son premier succès… presque un « succès d'estime » tant sera gigantesque le succès des disques suivants, *Je l'aime à mourir*, tube de l'été 1979, *Encore et encore* (1985), *Sarbacane* (1989), etc.

Canetti Jacques

Il révéla au grand public Francis Lemarque, Henri Salvador, Félix Leclerc, Raymond Devos, Mouloudji, Fernand Raynaud, Juliette Gréco, Catherine Sauvage, Philippe Clay, Jacques Brel, Boris Vian, Guy Béart, Serge Gainsbourg, les Frères Jacques, Anne Sylvestre et bien d'autres. Brassens, qu'il découvrit chez Patachou, l'appelait Socrate : « Parce qu'il est un peu sophiste. Quand il vous fait faire quelque chose, il vous persuade que l'idée vient de vous ». Grand amateur de jazz (il a fait venir en France Louis Armstrong et Duke Ellington), Canetti, la première fois qu'il entend le protégé de Patachou débiter ses chansons d'un ton bougon, est, de son propre aveu, moins séduit par les textes que par le phrasé, sa manière de chanter swing. À la fois directeur artistique chez Polydor-Philips et patron des 3 Baudets, petit théâtre situé entre Pigalle et Blanche, il va, dès l'année 1952, s'employer à amplifier l'audience du débutant. D'abord en le faisant sortir du cabaret, et ensuite en lui donnant l'occasion d'enregistrer un disque 78 tours sur lequel figurent deux titres, particulièrement audacieux pour l'époque, : *Le Gorille* et *Le mauvais sujet repenti*. Malgré la réputation de Canetti d'être dur en affaire, Brassens lui restera fidèle et fera toujours appel à lui pour organiser ses tournées, y compris la dernière en 1973. Né en 1909 en Bulgarie, Jacques Canetti est mort en 1997. En 1978, il publia un livre de mémoires sous le titre *On cherche jeune homme aimant la musique*. Son frère Elias, écrivain de langue allemande, a reçu le prix Nobel de littérature en 1981.

à bord de sa barque pour leur dernier voyage. Familier des cimetières et des enterrements, où le tragique côtoie le ridicule, Brassens s'amuse, dan *Le grand Pan*, à être nostalgique de cette époque hellénique où « c'était presque un plaisir de rendre le dernier soupir ». Et de déplorer au passage que la science (« La bande au professeur Nimbus ») ait mis fin à cette dramaturgie mortuaire dont il regrette le lustre.

Caron

On dit aussi Charon. Chez les Grecs, il est le passeur, celui qui aide, moyennant obole, à faire passer les hommes de vie à trépas. Il s'agit, en mourant, de traverser le fleuve Styx, c'est pourquoi Caron est surnommé le nocher (terme poétique pour pilote de bateau) des morts, qui fait monter les pauvres mortels

Carrière Jean-Claude

Deux hommes aussi singuliers que Georges Brassens et Jean-Claude Carrière ne pouvaient se croiser de manière banale... Au départ, il partagent une même origine, l'Hérault : le premier est fils de maçon, le second de viticulteurs. Carrière est né à Colombières-sur-Orb, 10 ans après Brassens en

1931. La rencontre se produit en 1959, alors que le futur scénariste de Luis Buñuel fait son service militaire dans les Yvelines, au camp de Frileuse. Ce camp jouxte le petit village de Crespières, à proximité d'une grande propriété de 14 hectares, dans laquelle se trouve un beau moulin recouvert de lierre, avec un petit cours d'eau... C'est là que, l'année précédente, fuyant le brouhaha de la capitale, s'est installé un chanteur célèbre, Georges Brassens.

Jean-Claude Carrière est déjà actif dans le monde du spectacle. En cachette de ses supérieurs militaires, il travaille à la télévision française pour l'émission humoristique de Jacques Grello et Robert Rocca « La Boîte à sel ». Jacques Grello est un chansonnier parisien renommé. C'est le même Grello qui, quelques années auparavant, a aidé le destin en faisant passer Brassens dans les cabarets ou il se produisait, et en lui donnant une guitare alors qu'il ne jouait que du piano.

Pour pouvoir aller à Paris, Carrière fait le mur tous les soirs, et utilise ainsi les services d'un habitant proche du camp qui, lui aussi, se rend fréquemment dans la capitale en voiture... Cet obligeant voisin qui fait le chauffeur pour Carrière « déserteur », c'est Brassens ! Carrière s'en est souvenu dans le *Nouvel Observateur* en octobre 1990 : « Je le revois conduisant lui-même, assez silencieusement, en fumant la pipe, avec la bagnole pleine de trouffions en fausse perme... ».

Une vraie scène d'anthologie : Brassens l'anar faisant une courte échelle virtuelle au futur scénariste du *Tambour* et de *Martin Guerre*, tout en faisant la nique aux gradés de Frileuse...

_____

Castans Raymond

Un peu plus âgé que Brassens qu'il a précédé au collège de Sète, Raymond Castans (1920-2006), après des études à Montpellier, rejoindra Paris pour entrer comme journaliste à *Samedi Soir* avant de rejoindre *Paris Match*, puis RTL.

Il retrouve à Paris les autres Sétois, certains connus comme le chansonnier Pierre-Jean Vaillard et d'autres sur le point de le devenir comme Roger Thérond, Victor Laville, Brassens, et tous les autres… Son parcours dans les médias, commencé dans un journal étudiant montpelliérain, ne le fera pas abandonner l'écriture. On lui doit quelques pièces comme auteur, des adaptations pour le théâtre ainsi que quelques biographies.

Castor et Pollux

Brassens a toujours préféré les humbles (*Pauvre Martin*, *Le petit joueur de flûteau*) aux grands de ce monde. Aussi, quand il s'agit d'apporter sa pierre au culte de l'amitié, choisit-il ses modèles chez les petites gens. Ces anti-héros, capables des sentiments les plus nobles, ils les opposent à des paires célèbres trouvées dans la littérature (Montaigne et la Boétie), la Bible (Sodome et Gomorrhe) et la mythologie grecque (Castor et Pollux). Ces derniers, fils de Zeus, sont les jumeaux célestes, inséparables aussi bien dans le combat (l'expédition des Argonautes) que face à la mort.

Pourtant, ces symboles de la fraternité absolue n'impressionnent guère Brassens qui les renvoie à leur insignifiance, les qualifiant avec mépris d'« amis de luxe » dans *Les Copains d'abord*.

Cazzani Serge

C'est l'unique descendant de Brassens et le gérant de son héritage artistique et juridique. Serge Cazzani est le fils de Simone, la demi-sœur de Georges, et d'Yves Cazzani.

Il est né en 1945, à Sète. À dix ans, son oncle déjà célèbre le promène en scooter ou en bateau, et lui donne le goût de la liberté. « N'ayant pas le droit de sortir à cause de ma mère, avec lui j'étais enfin un gosse comme les autres. Il m'a beaucoup influencé. Je suis devenu un individualiste forcené et un libertaire » confie-t-il à Jean-Claude Lamy. dans *Brassens, Le Mécréant de Dieu*.

C'est encore Brassens qui lui donne le virus de la vitesse, quand l'oncle et le neveu vont tester la Citroën 15 cv 6 cylindres du chanteur sur les routes de l'arrière-pays. Cazzani deviendra d'ailleurs pilote de rallye et créateur d'écoles de conduite.

———

Cazzani Simone

Simone, demi-sœur de Brassens, aura une influence déterminante sur le petit Georges : elle lui transmet le virus de la musique. Elle naît en 1912, d'Adolphe Charles Comte, tonnelier de son état, et d'Elvira, la mère de Brassens.

Suite à la mort de son mari à la bataille des Ardennes, Elvira Dagrosa se remarie avec Jean-Louis Brassens, dont elle aura un fils, Georges. La petite Simone se montre très tendre avec le petit garçon, jouant le rôle protecteur d'une seconde mère. Simone adore la musique, elle chante à son petit frère les airs à la mode entendus à la radio, l'emmène au cinéma voir les films chantant avec Milton, et elle se procure des petits formats, fascicules proposant les paroles et la musique des chansons. Brassens se souvient : « C'est là que j'ai pris feu. Je ne me suis occupé que de ça. Je passais mon temps avec une musique dans la tête. » Plus tard, Brassens s'initiera au jazz grâce aux 78 tours de sa sœur. Même si une brouille tenace persiste entre Püppchen, la compagne de Brassens, et Simone, la sœur et le frère resteront en contact régulier jusqu'à la fin. Simone est morte en 1994.

CHABROL JEAN-PIERRE

Quand ils se rencontrent, en 1946, l'un écrit dans *Le Monde libertaire*, l'autre collabore à *l'Humanité*. L'un est fils de maçon, l'autre d'instituteur. Malgré ces différences, ou peut-être à cause d'elles, Jean-Pierre Chabrol, né en 1925 dans le Gard, ne tarde pas à faire partie de la bande de l'impasse Florimont, au même titre que René Fallet, Jean Bertola ou Pierre Louki. Brassens et Chabrol partagent un même amour des mots. Si l'un les chante sur des musiques qu'il compose, l'autre en fait des romans (*La dernière cartouche, Les Fous de Dieu*) ou bien les dit. Car Chabrol est un conteur dans la tradition cévenole. En 1965, lorsqu'il enregistre le disque « Jean-Pierre Chabrol raconte », Brassens se fend d'une préface : « Merci Jean-Pierre. Tu nous a réappris le sens de ces mots magiques "Il était une fois" qui pour nous autres ne voulaient plus dire grand chose. Nous avions déjà un pied dans l'an 2000 et dans l'espace et tu nous ramenés à notre enfance et sur la terre en nous contant notre petite histoire de tous les jours… ». À la mort de son ami, en 1981, Chabrol dira simplement : « Georges, grand chêne à l'ombre duquel il faisait si bon être ». Auteur d'une trentaine de livres, Jean-Pierre Chabrol est mort en 2001 dans ses Cévennes natales.

―――

Chancel Jacques

Homme de radio puis de télévision, il a été l'une des figures des médias chez qui Brassens se rendait volontiers. À la radio en 1971, Chancel a réalisé l'une de ses émission « Radioscopie » les plus célèbres avec le chanteur. Quant à l'autre émission, « Le grand échiquier » sur Antenne 2, Georges Brassens y participera neuf fois entre 1972 et 1979, que ce soit en tant qu'invité principal ou en « guest star », avec Raymond Devos, Gilbert Bécaud, Les Compagnons de la chanson, Lino Ventura ou Mireille.
Si les deux hommes s'appréciaient, il y eut néanmoins quelques frictions, notamment lorsque Chancel demanda une exclusivité à Brassens pour l'une de ses émissions. Ils se réconcilieront autour de la table de la salle à manger de la rue Santos Dumont.
Le parti pris d'éclectisme de l'émission « Le grand échiquier », où Jacques Chancel mêlait grandes vedettes et inconnus, variétés et musique classique, avait été pour Brassens un moment d'émotion. Le chanteur, le temps d'une chanson, s'y était retrouvé entouré d'un grand orchestre de 80 musiciens dirigés par François Rabath, ce qui lui fit dire à Chancel : « Je chante toujours dans une chapelle, et toi, tu m'as fait chanter dans une cathédrale. » [1]

1/ *Brassens, le mécréant de Dieu*, Jean-Claude Lamy, Albin Michel 2004.

―――

Chatel François

Le réalisateur de télévision François Chatel (1926-1982), de son nom de naissance François de Chateleux, rencontre Brassens en 1952 chez Patachou. Ils deviennent alors très amis et François Chatel réalisera quatre émissions avec Georges Brassens : « Du côté de Brassens » en 1955, « En direct de Bobino » en 1972, « Veillée de Noël en Provence » le 24 décembre 1975 et « Brassens chez lui à Paris » en 1978. Il participera aussi à l'émission « Apostrophes » de Bernard Pivot en 1975 « Qu'est-ce que l'esprit militaire ? ».

Chatel Philippe

Nombreux sont les jeunes gens à qui Brassens donna l'envie d'écrire des chansons et de les interpréter. Philippe Chatel en fait partie. Il a vingt-neuf ans, en 1977, lorsqu'il se fait connaître avec sa chanson *J'taime bien Lili*. Deux ans plus tard, pour enregistrer son conte musical *Emilie Jolie*, il réussit l'exploit de réunir autour de lui Henri Salvador, Robert Charlebois, Julien Clerc, Sylvie Vartan, Françoise Hardy, Isabelle Mayereau, Yves Simon, Alain Souchon, Laurent Voulzy, Eddy Mitchell, Louis Chédid et… Georges Brassens. Celui-ci a toujours été son modèle en matière de chanson, à tel point qu'il lui a consacré une biographie. Dans *Émilie Jolie*, où les animaux (lapin, autruche, baleine, coq, âne) ont la part belle, Brassens joue le rôle du hérisson, dont il chante la chanson. Le conte pour enfants de Philippe Chatel connaîtra un succès considérable et sera adapté à la télévision par Jean-Christophe Averty, au théâtre et même au cirque. En 1997, est enregistrée une nouvelle version d'*Émilie* Jolie, avec entre autres Jacques Dutronc, Johnny Hallyday, Alain Bashung, Zazie et le chanteur de raï Khaled dans le rôle du hérisson créé par Brassens.

CHEF DE GARE (LE)
Cet employé des chemins de fer, qui contrairement à ce que l'on croit parfois, n'exerce pas son métier sur le quai de la gare mais dans un bureau, apparaît sporadiquement dans les chansons de Brassens. Il y est le synonyme du cocu. Le chanteur s'approprie ainsi un cliché, répandu dans sa jeunesse, dont les origines restent mystérieuses. *Il est cocu le chef de gare* est l'une de ces chansons grivoises dont Brassens raffolait. C'est aussi le titre d'une pièce de théâtre (datant de 1925) de Nicolas Nancey, dramaturge marseillais dans la lignée de Labiche et de Feydeau, qui connut son heure de gloire au début du XXe siècle.

CHEVALIER MAURICE
Le chanteur au légendaire canotier fut un des rares chanteurs français connu à l'étranger. Né en 1888, il débute au casino de Tourelles en 1900 et mènera une carrière des plus longues, faisant ses adieux à la scène en 1968.
Il a beau avoir publié un nombre impressionnant de chansons, il n'enregistrera jamais *La File indienne* que Brassens lui avait proposée. En revanche Georges, lui, ne s'était pas privé de lui rendre hommage en 1980 dans l'album « Georges Brassens chante les chansons de sa jeunesse », reprenant *Quand un vicomte* de Mireille et Jean Nohain que Chevalier avait popularisé au milieu des années 30.
Au début des années 70,

Brassens, qui a toujours été admirateur de Chevalier, projette de l'inviter dans son nouveau domicile parisien , rue Santos-Dumont . Il commande à cet effet une imposante table en acier. Malheureusement le chanteur au canotier meurt en 1972, au moment où la table est enfin achevée. Le meuble portera par la suite le nom de l'illustre absent, et deviendra « la table Maurice Chevalier ». Tous les amis de Georges s'y retrouveront pour des dîners animés et arrosés.

Clarens Léo

C'est le 24 janvier 1952 que le cours de la vie de Georges Brassens va prendre une voie favorable, lorsqu'il auditionne au cabaret de Patachou, au 13 et 15 rue du Mont Cenis-Vieux, sur la butte Montmartre. C'est devant Patachou, le chef d'orchestre Léo Clarens et les musiciens de l'orchestre, qu'il chantera une trentaine de chansons, accompagné par le bassiste de l'orchestre, Pierre Nicolas. Et c'est Léo Clarens qui l'emmènera au 3 Baudets, prélude à la rencontre avec Jacques Canetti.

Clavel Bernard

C'est l'antimilitarisme qui a réuni l'écrivain Bernard Clavel et Georges Brassens. Le romancier français n'a cessé, tout comme Georges, de prendre position contre la guerre, contre la violence. À divers moments, tous deux aideront le militant pacifiste et libertaire Louis Lecoin.

Clavel et Brassens seront côte à côte en mars 1975 pour une émission d'*Apostrophes* sur le thème : « Qu'est ce que l'esprit militaire ?». Clavel avait suggéré à Pivot d'y inviter Brassens, pour l'aider à se confronter aux généraux Buis et Bigeard et à Charles Hernu, chargé des questions de défense au parti socialiste. Devant cet aréopage et sous le regard de connivence de Clavel, Brassens se définira comme antimilitariste par horreur de la discipline et reconnaîtra aimer « la France, pas la patrie ». Et interrogé sur la *Marseillaise*, il concèdera que : «la musique est pas mal, mais les paroles sont très discutables ».

À la mort de Brassens, Bernard Clavel dira toute son émotion : « Seul dans la cuisine, j'ai pleuré. Je venais de perdre un ami, et soudain il manquait quelque chose au monde. Quelque chose d'important… Avec Georges nous parlions en riant de la mort. Ne serait-ce que pour ce détail, il m'est irremplaçable. Depuis qu'il est mort, la mort ne fait plus rire personne. »[1]

1/ *Monsieur Brassens*, Maurice Bousquet, Editions de l'Équinoxe, 1991.

―――――――

COLOMBINE

Le poème de Verlaine extrait des *Fêtes galantes* est l'occasion pour Georges Brassens de mettre en scène le personnage de Colombine, « L'implacable enfant / Preste et relevant / Ses jupes », en séductrice frivole. Celle-ci mène ses prétendants – les personnages de la Commedia dell arte, Léandre, Pierrot, Cassandre et Arlequin – par ses charmes et « Conduit son troupeau / De dupes / » dans un jeu pervers entre la femme « Une frêle enfant / Méchante / » et l'homme.

―――――――

COLOMBO PIA

Elle fut l'une des interprètes préférées de Brassens. Elle l'avait suivi en tournée et dont elle avait brillamment repris, en 1959, le titre *Les Croquants* sur son cinquième 45 tours. De son vrai nom Hélène Pia, cette chanteuse française d'origine italienne, née en 1934, étudie d'abord le théâtre et la danse. Son rêve de devenir petit rat de l'Opéra se brise lorsque, à l'âge de quinze ans, une angine mal soignée évolue en chorée de Sydenham (danse de saint Guy). En 1956 elle est au cabaret L'Écluse où elle interprète des chansons de Maurice Fanon son futur mari. Un premier disque avec *L'Écharpe* en 1964, sera suivi d'un autre succès avec *La Casa d'Irène* en 1965... Mais la vague yé-yé de ces années la contraindra à délaisser partiellement la scène pour le théâtre. De 1979 à 1981 on la retrouve dans un spectacle écrit par son mari, *Requiem autour d'un temps présent*, suivi d'une dernière apparition en public, en 1981, au *Grand Echiquier* où elle apparaît chauve et malade, luttant contre le cancer qui la terrassera en 1986.

COLPI HENRI

Le réalisateur, Sétois d'adoption (né en Suisse), est un ami de Brassens dès le cours moyen 2e année. Ils feront leur scolarité ensemble, Colpi avec des 1er prix dans chaque matière, Georges décrochant quelques accessits par-ci par-là…Devenus adultes, l'un choisira le cinéma et l'autre la chanson. Colpi réalise *Une aussi longue absence* en 1960 qui obtient la Palme d'Or à Cannes l'année suivante.
En 1970, Henri Colpi (1921-2006) réalise *Heureux qui comme Ulysse*, avec Fernandel en vedette, pour lequel il demandera à Brassens, de chanter la chanson du film, dont il avait écrit les paroles sur une

musique de Georges Delerue. Il faudra tous les talents de médiateur de Püppchen et du fidèle Gibraltar pour arriver à le convaincre

———————

Coluche

Dans la multitude de petits boulots (télégraphiste, céramiste, garçon de café, livreur, fleuriste, pompiste, marchand de fruits et légumes, etc.) qu'exerça Coluche à partir de 15 ans, ses pas le conduisirent à chanter un soir dans un chœur qui accompagnait Brassens. Mais c'est René Fallet qui les présenta l'un à l'autre et la rencontre eut lieu en 1979 dans le cadre de l'émission télévisée « Carte blanche à Marcel Amont ». La chanson interprétée n'était autre que *Le Roi*. Dans cette chorale exceptionnelle, on notait la présence de Maxime Le Forestier, de François Béranger, de Georges Moustaki, de Marcel Amont évidemment ainsi que du chroniqueur-journaliste... Cavanna.

———————

Compagnons de la chanson (Les)

Dès 1956 les Compagnons de la chanson interprètent *Chanson pour l'Auvergnat* mais leurs auteurs de prédilection sont plus volontiers Aznavour, Bécaud ou Trénet. Compagnons et Brassens se retrouveront néanmoins au printemps 1979 pour 2 shows télévisés mémorables, le « Top club » de Guy Lux et le « Grand échiquier » de Jacques Chancel. C'est Édith Piaf qui les avait découverts en 1944, au Gala des cheminots à la Comédie française, alors qu'ils se produisaient encore sous le nom de Compagnons de la musique. Elle leur propose alors de chanter *Les trois cloches* et ce sera le succès. Elle restera leur marraine durant 3 ans, continuant de partager avec eux de nombreux galas et tournées. Fin 1980, ils feront une tournée d'adieu de cinq ans.

―――――――

Cᴏᴍᴛᴇ Rᴏɢᴇʀ

Le chansonnier Roger Comte, qui se produisait aux 3 Baudets, à Milord L'Arsouille et chez Patachou, connut Brassens à ses débuts. Il partagea même huit années de tournées avec lui qu'il raconte dans *1952-59, Mon équipée avec Georges Brassens*. Un témoignage rare et un récit attachant, foisonnant d'anecdotes sur le quotidien de ces tournées et apportant un regard tendre et drôle sur des années capitales dans le parcours de Brassens.

―――――――

Cᴏɴʀᴀᴅ Jᴏsᴇᴘʜ

Comme Montaigne, Brassens avait « la maladie de la pierre », ces calculs rénaux réputés aussi douloureux que les rages de dent les plus violentes. Face à ces accès de souffrance récurrents, qui bien souvent l'empêchaient de travailler, il avait un remède : la lecture de *Typhon* de Joseph Conrad. Dans cette longue nouvelle, écrite à la fin de l'année 1900, l'écrivain, Polonais d'origine ayant choisi l'anglais pour s'exprimer, décrit les affres de l'équipage du *Nan-Shan*, un navire de commerce à vapeur pris dans un typhon dans le détroit de Formose. « Sur mes lits de souffrance, racontait Brassens, il me fallait affronter le mal comme un typhon : corps à corps. Je me répétais les ordres du capitaine à son second : « Debout au vent… toujours debout au vent ! C'est le seul moyen de s'en sortir. Faites face, ça n'est déjà pas si facile. Et du sang froid ! ».

―――――――

Copains (Les)

Employé de préférence au pluriel, le mot figure dans onze chanson de Brassens. Mais c'est surtout *Les Copains d'abord* qui en donnent la définition qu'elle prend dans l'univers de Brassens. Chanson écrite pour le film *Les Copains* d'Yves Robert, adaptation du roman de Jules Romain, la comédie réunissait Jacques Balutin, Guy Bedos, Michaël Lonsdale, Philippe Noiret, Christian Marin, Pierre Mondy, Claude Rich à l'écran et Brassens à la mise en musique. Véritable hymne à l'amitié, la chanson, une des plus représentative de l'univers de Brassens, sera plébiscitée par les Français « Non, ce n'était pas le radeau / De la Méduse, ce bateau, / Qu'on se le dis' au fond des ports, / Dis' au fond des ports / ».

Copains d'abord (Les) - Campus -

La série « Les Copains d'abord » produite par Michel Lancelot dans le cadre de l'émission « Campus », réunissait les amis proches de Brassens, René Fallet, Guy Béart, Jean Bertola, qui discutaient, à bâtons rompus et arrosés, de toutes sortes de sujets. Ici, un dialogue entre Brassens et Béart sur les rapports entre paroles et musique... un plaisir !

Brassens : Je pense que les gens sont sensibles à la musique et que les paroles leur permettent de retenir un air parce qu'ils ne connaissent pas la musique…

Béart : C'est une de tes grandes coquetteries..

Brassens : (*poursuivant son idée sans répondre*) Par exemple, la chanson « Constantinople »…(*Il chante*) Constantinople, C.O.N.S.T.A.N.T.I.N.O.P.L.E… Ben c'est la musique qui a fait son succès, pas les paroles !

Béart (*têtu*) : … Ça fait partie de

ton arsenal de coquetteries…

Brassens (*chantant*) : Timéla pamélou pan pan timela Pamilamelou cocodou labaïa

Béart : Merveilleuses paroles ! Hé oui ! Parce que pour trouver ces mots qui se réunissent comme ça, c'est très difficile à faire…

Brassens : D'accord… Mais tchi tchi aussi c'est des merveilleuses paroles ! (*il chante*) Oh Catarinetta Bella Tchi tchi / Ecoute l'amour t'appelle tchi tchi. C'est le mot tchitchi qui est chouette…

Béart : Tu mettrais sur cette musique… (*il improvise des paroles sur la même mélodie*) « J'aime aussi beaucoup Voltaire tchi tchi… / C'est le plus grand de la terre tchi tchi ».

Les gens ne retiendraient pas aussi facilement.

Brassens : Je vais te dire pourquoi je pense que c'est la musique qui marche :quand un air américain comme « The Man I Love » a du succès…

Béart : Ha oui, mais…

Brassens (*énervé*) : Tu permets, laisse-moi finir... (*à part*) Il m'emmerde, celui-là ! (*il se retourne vers Béart*) « The Man I Love » a du succès en France à cause de la musique. Les paroles de « The Man I Love » en France, ça leur dit rien du tout ! Si « l'Auvergnat » n'avait pas eu une musique qui a plu, ça n'aurait pas marché !

Parce que merde ! Il suffirait de venir en scène et de dire aux gens : (*il récite la chanson d'une voix terne*) Elle est à toi cette chanson / Toi l'auvergnat qui sans façon…

Et ça n'aurait PAS MARCHÉ ! … Enfin !

Béart : Tu es en train de nier ta chanson…

Brassens : (*Soudain las*) Non… Ecoute Guy, je pense que la chanson c'est un ensemble de paroles et musique qui vont bien ensemble, et heureusement ensemble.

Béart : Je te laisse la... parole.

Brassens : Mais ce n'est pas faire honneur aux Français de dire que c'est les paroles qui font le succès des chansons en France... Parce que depuis 25 ans, les français ne font des succès qu'avec des conneries... Sauf 2 ou 3 que nous connaissons bien sûr... (*petit sourire*)

Béart : (*tatillon*) Oui mais, enfin...

Brassens : (*très énervé*) Il n'y a pas de « oui mais enfin »... C'est comme ça ! Je vais te dire, écoute Guy, tu es d'une ignorance abécédaire. En France, toutes les chansons qui ont eu du succès de 1930 à 1940 étaient d'origine allemande ! « Les Gars de la Marine », « Quand la brise vagabonde », « Garde-moi ton amour toujours », alors tu vois, la chanson française, elle était bien loin de tout ça, et les paroles, de vulgaires traductions sans intérêt.

Béart : (*il s'entête*) Prend un poème de Paul Fort auquel tu as redonné de l'éclat : « La Marine ». Tu l'as fait renaître avec ta musique. Mais les paroles étaient là : la preuve, c'est que as eu envie de les chanter !

Brassens : Les paroles sont là... Mais peut-être que les gens n'y font pas attention...

Béart : (*chantonne à mi-voix*) « On les retrouve en raccourci... »

Brassens : Oui bon, tu raisonnes exactement comme les gens qui disent que la musique de Brassens ne présente aucun intérêt ! Tu dis des conneries monstres, comme la plupart des cons qui disent que ma musique n'est pas intéressante !

(*Il se retourne vers Bertola et Fallet*) Il n'est pas fait pour faire des chansons, celui là !

———

Coquatrix Bruno

Le nom de Bruno Coquatrix (1910-1979) est à jamais associé à celui d'une prestigieuse salle parisienne, l'Olympia. À tel point qu'on en oublierait presque qu'auparavant, avant qu'il ne prenne la direction de l'Olympia en 1954, il avait écrit plusieurs opérettes, plus de 300 chansons (dont le célèbre *Clopin clopant*, un succès de Pierre Dudan en 1947), qu'il a co-fondé le label de disques Versailles et qu'il a dirigé… Bobino, la salle préférée de Brassens. Celui-ci ne boudera pas l'Olympia pour autant où il sera neuf fois à l'affiche.

Pourtant, après l'éprouvante série de concerts du 5 au 25 décembre 1962, au terme de laquelle il avait, le 31, appris le décès de sa mère, Brassens s'était juré de ne plus « refaire » l'Olympia, décision qui sera à l'origine de sa brouille avec Coquatrix. Il y reviendra néanmoins le 7 décembre 1965 à l'occasion d'un gala au profit de Serge Lama, victime d'un terrible accident de voiture.

Cordier Pierre

En 1952, lors d'une tournée en Belgique avec Patachou, Brassens, qui aimait la photographie et la pratiquait, fait la connaissance d'un jeune homme de dix-neuf ans qui partage sa passion. Pierre Cordier va devenir son ami et quatre ans plus tard, celui-ci invente, presque par hasard, le *chimigramme*, un procédé, à mi-chemin entre la photo et la peinture, dans lequel le papier photosensible remplace la toile. Enthousiaste, le chanteur encourage cet artiste novateur et, dans les années qui suivent, il lui demandera de réaliser pour lui huit pochettes de disque. En 1979, à l'occasion d'une rétrospective du travail de Cordier à la Bibliothèque nationale, Brassens prend la plume et résume ainsi la parcours du plasticien : « Il a pris une route non fréquentée encore et pleine d'escarpements. Je pense qu'il a eu raison… ». C'est grâce à Pierre Cordier, qui gardait des enregistrements privés de Brassens réalisés entre 1952 et 1956, que l'on doit le disque « Il n'y a d'honnête que le bonheur ». On y trouve, outre la chanson-titre, quelques inédits : *La File indienne*, *Les Croque-morts améliorés*, *La Valse des gros culs*, *J'étais le maquereau* et *Les Radis*, non retenu pour la discographie officielle.

CORNE D'AUROCHS

Brassens avait la passion de donner des surnoms à ses proches. Ainsi Jeanne, connue pour sa frêle silhouette, fut-elle affublée, par antithèse, du doux nom de « Gros bidon ». Émile Miramont, ami d'enfance de Georges, sera, quant à lui, baptisé « Corne de Roc », transformé ensuite en « Corne d'Aurochs », par ailleurs le nom d'un personnage de *La Tour des miracles* et d'une chanson enregistrée en 1952. Animal préhistorique, l'aurochs est au bœuf ce que le mammouth est à l'éléphant. Cela explique sans doute l'origine du surnom, Brassens et Miramont ayant fondé dans leur jeunesse l'éphémère « parti préhistorique », dont ils furent les deux seuls membres.

CORNEILLE PIERRE

Brassens met souvent en scène de vieux grigous, la plupart du temps fortunés, poursuivant de leurs assiduités des jeunes filles belles comme le jour. Pas étonnant donc que ce grand connaisseur de la littérature française ait été sensible aux « Stances à Marquise », de Pierre Corneille, dans lequel l'auteur du *Cid*, après que la jeune Marquise eut repoussé ses avances, se venge en lui rappelant que sa beauté est éphémère, thème souvent traité, notamment par Ronsard. Mais il est probable que Brassens n'aurait jamais mis en musique le poème de Corneille (écrit en 1658, à l'âge de 52 ans !) sans la réponse impertinente de Marquise (« Et je t'emmerde en attendant ») imaginée par Tristan Bernard (1866-1947). La «Marquise» dont il est question est Marie-Thérèse de Gorla, (1633-1668), épouse du comédien Du Parc. D'une très grande beauté, elle fut l'une des meilleures comédiennes de son temps, appartint à la troupe de Molière, qu'elle quitta pour rejoindre celle de l'Hôtel de Bourgogne et Racine. Marquise ne connut pas la vieillesse promise par Corneille puisqu'elle mourut à 35 ans dans des circonstances mystérieuses.

———

CORYDON

C'est dans *Dieu s'il existe* que la pauvre Jeanneton connaît toutes sortes de mésaventures, l'orage détruire pâturage, le loup dévorer le troupeau et, comble de malheur, « Et là-dessus le Corydon, / Le promis de la pastourelle, / […] Suivit la cuisse plus légère / Et plus belle d'une goton / ». Le Corydon n'a pas le sens que lui donnait Virgile qui voyait, « Formosum pastor Corydon ardebat Alexim », le berger Corydon s'enflammer pour le bel Alexis. Autres temps, autres mœurs !

———

COTY RENÉ

Qu'on se rassure, Brassens ne

s'est jamais départi de sa position de « non-engagement » politique, à fortiori vis-à-vis du personnage le plus éminent de l'État. Ce qui fut vrai pour René Coty (1882-1962) le fut aussi pour François Mitterrand, dont les responsables de sa campagne électorale de 1981 ont cherché le soutien de Brassens, comme l'a fait René Fallet.

Pour Coty, l'histoire est plus cocasse, comme Jean-Pierre Chabrol l'a relatée. La présidence avait coutume d'organiser une réception où étaient conviés les grands noms des différentes disciplines artistiques. Pour cette occasion, un carton d'invitation était donc parvenu chez Edith Piaf, Maurice Chevalier, Charles Trenet... et chez Jeanne Planche, où résidait Brassens. Le chanteur n'y avait guère prêté attention. Quelque temps après, à l'heure du repas, le paisible coin du 14e est soudainement envahi des pétarades d'une voiture officielle et de stridents coups de sifflet de la maréchaussée. Un motard en uniforme de cérémonie se présente alors devant la porte de la petite maisonnette et sonne. On ouvre : « Monsieur Brassens, la voiture de la présidence de la République est là pour vous emmener au dîner de l'Élysée. » « C'est sûrement une erreur » rétorque Brassens, « le Président ne vient jamais manger ici. » Et le motard a claqué des talons, et la berline, vide, a rebroussé chemin.

Crésus

Brassens l'affirme sans cesse dans ses chansons, l'amour et l'argent ne font pas bon ménage. L'argent, dont il se méfiera toujours, même quand, après des années de pauvreté absolue, le succès arrivera. L'argent, puissance tentatrice qui peut pousser les femmes à l'infidélité. Ainsi les déboires amoureux (peut-être autobiographiques) relatés dans *Les Ricochets* : « Elle me fit faux-bond / Pour un vieux barbon, / La petite ingrate, / Un Crésus vivant / Détail aggravant /Sur la rive droite ». Le véritable Crésus régna sur la Lydie, une région occidentale de l'Asie mineure, au VIe siècle avant Jésus-Christ. Immensément riche, il tirait sa fortune, dit-on, des ressources aurifères de la rivière Pactole, aujourd'hui un torrent appelé Sart Çayi en turc.

_____

Croquants (Les)

Très présent chez Brassens, qui l'utilise même comme titre d'une de ses chansons, le mot « croquant » connut des glissements sémantiques étonnants. À l'origine, il était utilisé par les paysans du Limousin pour désigner la noblesse, toujours prête à « croquer » le peuple. Par dérision, les nobles le reprennent à leur compte pour appeler ceux-là même qui les nomment ainsi. Les croquants deviennent alors cette paysannerie en révolte contre ceux qui les exploitent (incarnée par exemple par Jacquou le croquant, héros d'un roman, puis d'un film). Les croquants de Brassens, eux, ne sont ni révoltés, ni dans la misère. Ce sont des nouveaux riches « à cheval sur leurs sous », des parvenus sans éducation.

_____

Cupidon

Un enfant de sept ans, nu, doté d'une paire d'ailes, avec en bandoulière un carquois d'où dépassent des flèches : l'image a de quoi séduire le poète. Brassens l'a bien compris, qui fait intervenir Cupidon dans 9 de ses chansons. Un record ! Cupidon (du latin *cupire*, désirer, qui a aussi donné le mot cupide) est l'équivalent romain d'Éros, dieu de l'amour. Il est l'agent du coup de foudre. Sous des dehors angéliques, Cupidon est dangereux car personne n'est à l'abri, pouvant être atteint en plein cœur par une de ses flèches. Qui plus est, il frappe au hasard. Il est d'ailleurs parfois représenté avec un bandeau sur les yeux.

———

Cristiani François-René
Journaliste à *Rock & Folk*, François-René Cristiani, organise, en collaboration avec RTL, le 6 janvier 1969, une rencontre entre Brassens, Brel et Ferré dans un appartement de la rue Saint-Placide à Paris. Ce sera l'occasion pour les trois grandes figures de la chanson française de répondre aux questions du journaliste et d'avoir un échange de vues sur des sujets aussi variés que la solitude, l'argent, les femmes, la pop-music, le monde... et de faire taire certaines les rumeurs malveillantes colportées par certains journaux sur leurs mauvaises relations. Si Brel et Brassens se connaissaient bien depuis qu'ils s'étaient rencontrés aux 3 Baudets, Ferré n'était pas un intime des deux autres. Tous les trois au sommet de leur notoriété, Brel avait délaissé le music-hall pour la comédie musicale et le cinéma, Brassens préparait sa rentrée à Bobino et Ferré venait de connaître un immense succès avec *C'est extra*. Un livre, *Trois hommes dans un salon*, a été édité sur cette rencontre exceptionnelle, illustré des photos qu'avait faites Jean-Pierre Leloir à cette occasion.

———

D

DAGROSA ELVIRA

Quand Brassens évoquait sa mère, il en venait immanquablement à parler de chanson. D'origine italienne, Elvira aimait chanter, apprendre de nouveaux airs, recopier des paroles dans un grand cahier. Dès le plus jeune âge, le petit Georges est bercé par des ritournelles à la mode. Plus tard, dans l'une de ses premières chansons, il se remémorera ce temps béni : « Maman, maman, je préfère à mes jeux fous/ Maman, maman, demeurer sur tes genoux/Et, sans un mot dire, entendre tes refrains charmants ». Elvira Dagrosa est née à Sète le 17 novembre 1887. Ses parents, Michel et Maria, originaires de Marsico Nuevo, un village très pauvre de la région de Basilicate, en Italie, ont émigré quelques années plus tôt. À Sète, qui compte une forte minorité italienne, Michel

Dagrosa trouve un emploi de journalier sur le port. En 1912, Elvira donne naissance à Simone. Veuve au sortir de la Guerre de 14, elle se remarie avec Jean-Louis (dit Louis) Brassens et accouche de Georges en 1921. Comme beaucoup d'immigrés, Elvira a soif d'ascension sociale et nourrit pour son fils les plus grandes ambitions (elle le verrait bien avocat). Très pieuse, elle insiste pour que celui-ci entre à l'école Saint-Vincent, un établissement catholique, avant qu'il ne soit élève au collège public de Sète. Plus tard, elle se réjouira de voir Georges être devenu une vedette, même si elle déplorait la présence de trop nombreux « gros mots » dans ses chansons.

DALI SALVADOR

« Le point commun entre Brassens et moi, c'est que lui est anarchiste, alors que moi je suis monarchiste ! » Propos typique du peintre catalan rapporté par Pierre « Gibraltar » Onténiente dans son livre de souvenirs *Brassens. Le Regard de Gibraltar* (Jacques Vassal, Fayard/Chorus, 2006)

Une rencontre entre Salvador Dali, l'artiste surréaliste et médiatique, et Brassens, le poète discret qui ne portait guère d'intérêt aux arts plastiques hormis les toiles de paysages sétois de son ami sportif Eric Battista était peu probable ? Elle a pourtant bien eu lieu, se souvient Onténiente, car l'éditeur de Salvador Dali avait eu l'idée de faire illustrer les chansons de Georges par Dali. Les deux hommes se sont retrouvés chez l'agent du peintre, et Brassens, trouvant le projet intéressant, des ébauches préparatoires avaient été faites. En définitive, l'ouvrage n'a jamais vu le jour. Mais Brassens semblait apprécier le talent de Dali, même si, comme il l'a écrit à son mentor en anarchie, Roger Toussenot, « ce qui m'intéresse, c'est dire plutôt que montrer. » Dommage, on aurait aimé voir l'illustration onirique de Dali pour « Fernande »…

À noter aussi que parmi les proches de Brassens se trouve le peintre Raymond Moretti, qui a dessiné le timbre commémoratif de l'Union philatélique sétoise du 19 juin 1990.

Dalila

Pour personnifier « la fine fleur du beau sexe » (*L'ancêtre*), Brassens choisit Manon Lescaut et Dalila, toutes deux à la réputation sulfureuse. L'une vend ses charmes, l'autre trahit son mari. Dans la Bible (*Livre des juges*, chapitre 16), Dalila est à la fois d'une grande beauté et d'une grande duplicité. Par ruse, elle obtient de Samson qu'il lui révèle d'où il tient sa force, sa chevelure. Après lui avoir coupé ses sept tresses, elle le livre aux Philistins, ennemis d'Israël, qui lui crèvent les yeux.

Danaïdes (les)

« C'est le tonneau des Danaïdes changé en femme… » dit le texte de *La Nymphomane,* 1982, la chanson posthume enregistrée par Jean Bertola.

Dans la mythologie grecque, Le tonneau des Danaïdes n'avait pas de fond, et les cinquante filles de Danaos avaient été condamnées à passer l'éternité aux Enfers à tenter de le remplir, pour les punir d'avoir égorgé leur mari pendant leur nuit de noces… Dans la chanson *La Nymphomane,*]ce Brassens épuisé par les « joies charnelles » peut faire sourire. Le poète est en fait un vrai Don Juan de fiction, ses rapports avec les femmes étant plutôt virtuels. Mais que de Pénélope, Vénus ou Hélène séduites par ses vers !

Patachou a dit après sa mort qu'il était « l'auteur contemporain qui avait le mieux célébré les femmes. » Les Danaïdes de la « Nymphomane » dormaient dans une valise bleue d'électronicien dans laquelle Brassens avait rangé les chansons destinées à son prochain album. Après sa disparition, Jean Bertola se proposa d'enregistrer ces chansons dans sa voix dans le double album « Les dernières chansons inédites ». Le disque obtiendra le Grand prix international de l'académie Charles Cros.

Dassin Joe

Tout semble, *à priori,* séparer Brassens et Dassin. Et pourtant ! À ses débuts à Paris, Joe chante du Brassens ; il rencontrera son idole dans les années 70 grâce à Boby Lapointe. Entre-temps, Georges Brassens avait confié avoir adoré un tube de Joe, *Les Dalton*, la seule chanson qui parvenait à le dérider durant son hospitalisation du mois de mai 1967. Joe Dassin est mort un an avant Brassens (le 20 août 1980 à Papeete). Le «plus américain» des chanteurs français, né à New York en 1938, avait d'ailleurs toujours gardé un très léger accent. Grand voyageur, il étudie en Suisse, en France et aux Etats-Unis (en trois ans il a changé onze fois de lycée). Ses premiers enregistrements, qualifiés de folk anglo-saxon, étaient à mi-chemin entre Hugues Aufray et Bob Dylan. C'est pourtant avec deux ritournelles importées d'Amérique du Sud qu'il décrocha ses premiers tubes, *Bip bip* et *Guantanemera*. Mais ce que le public attendra de lui, ce sont des tubes faciles à retenir : *L'Eté indien, Le Petit Pain au chocolat, Siffler sur la colline, Les Champs-Elysées…* et *L'Amérique*, au texte écrit « sur mesures » par Pierre Delanoë.

―――――

Delpont Henri

C'est l'ami de l'enfance, celui qui partagea les promenades, les baignades, les projets d'adolescence entre chanson et cinéma. Lui, ne quittera Sète que pour un bref moment, pour « descendre » à la capitale rejoindre « Jo » et faire une figuration dans *Porte des Lilas*. Puis il retourne à Sète d'où il continuera à correspondre avec Brassens et où il prendra la direction du Théâtre. Brassens logeait chez lui lorsqu'il revenait au pays, gardant avec Delpont des liens très forts. Delpont partit le premier, un an avant Brassens qui ne put se rendre à ses obsèques car déjà très malade.

―――――

Deux Oncles (Les)

Dès son premier disque, Georges Brassens avait choqué, et *Le Gorille* fut quasiment interdit de diffusion sur la plupart des ondes radiophoniques. Plus tard, l'artiste récidivera, avec trois chansons qui ne vont pas améliorer ses relations avec les anciens combattants : *Les deux oncles, La Guerre de 14-18* et *Mourir pour des idées* qui prône un pacifisme que les va-t-en-guerre, même parmi son fidèle public, auront vite fait de traiter de lâcheté, de couardise ou même de trahison de sa patrie. Dans *Les deux oncles* il dénonce l'absurdité de l'engagement : « C'était l'oncle Martin, c'était l'oncle Gaston / L'un aimait les Tommies, l'autre aimait les

Teutons / Chacun pour ses amis, tous les deux ils sont morts / Moi qui n'aimais personne, et bien je vis encore».

Devos Raymond

« Nous sommes des artisans, nous faisons de notre mieux en espérant que les autres en font autant. » C'est Devos qui parle de lui-même et de son ami Georges. Les deux « artisans » se sont croisés très tôt dans leurs carrières, sans doute aux 3 Baudets, le cabaret des débuts de l'humoriste, en 1949 ; puis quelque temps plus tard, dans l'un des théâtres où passe le Sétois débutant. Même scène, et même manager, Jacques Canetti, le dénicheur de talents de l'après-guerre. Plus tard, Brassens et Devos feront une tournée commune, en 1970 et pendant trois mois ils sillonneront la Région parisienne, Devos en première partie, Brassens en seconde. De vrais amis donc, et de longue date, ainsi qu'en atteste Pierre Herran, le secrétaire de Raymond Devos : « Georges téléphonait souvent à Raymond, ils se recevaient de temps en temps. Raymond était impressionné par Brassens, parce que le chanteur avait passé son bac, alors que lui n'avait que le certificat d'études… Georges le questionnait : as-tu lu Bachelard ? Non ? Écoute, ce n'est pas que tu ne sois pas intelligent, mais si tu le lis, tu le seras encore un peu plus. » Et Raymond allait acheter le livre. Chacun des deux artistes revendiquait le talent de l'autre : Brassens se plaignait de ne pas être reconnu comme humoriste, Devos comme musicien. Le chanteur faisait des cadeaux-gags à son ami : Devos collectionnant les masques de scène de la Commedia dell'arte, il lui offrit un jour d'anniversaire un masque… de soudeur. « Raymond Devos s'était fait fabriquer un accessoire de scène surréaliste, un cor de chasse qui se déroule ! » sourit Pierre Herran, « C'est Georges qui lui en avait donné l'idée un jour en lui parlant d'un ami qui « avait un souffle à dérouler les cors de chasse.. »

Mais surtout, les deux amis , orfèvres de la langue française, passaient de longs moments à converser de religion, et des trois grandes questions : qui sommes-nous, d'où venons nous et où allons-nous…

C'est dur à croire, mais il paraît que Devos, l'humoriste jongleur de mots, avait du mal à prendre la parole, face au bavard, à l'intarissable Brassens !

Devos est mort 25 ans après Brassens, le 15 Juin 2006, à Saint-Rémy-les-Chevreuse.

_____

Dieu

Sous des appellations multiples et variées – l'éternel, le père éternel, le grand Manitou, Dieu du ciel –, Dieu apparaît une centaine de fois dans l'œuvre de Brassens. Pourtant le poète n'a rien d'un mystique. Peu enclin à la spiritualité, il traite Dieu dans ses chansons comme un personnage parmi d'autres. À cela près, qu'il ignore si ce personnage existe. Loin d'être un athée, Brassens est un pur agnostique. « Je ne maintiendrai jamais : "Dieu n'existe pas !" » affirmait-il. « Tout ce que je peux dire, c'est que je n'en sais rien. J'ai oscillé, dans ma vie, entre une négation très forte et une très forte envie d'y croire ». En fait, proche en cela de Spinoza pour qui Dieu était « tout ce qui existe », Brassens expliquait : « Je crois plus en la vie qu'en Dieu ». Sa mère, très croyante, lui a donné une éducation chrétienne. Ce qui l'aidera à se forger une éthique. Mais en partie seulement. Interrogé en 1967 par le magazine catholique *La Vie*, il avouera : « J'ai une morale qui emprunte un peu à la morale chrétienne, un peu à la morale anarchique… J'ai pris un peu tout ce qui m'a semblé être valable pour moi dans les différentes morales que j'ai rencontrées ». S'il approuve les valeurs du christianisme, Brassens est en revanche plus dubitatif quant à l'immortalité de l'âme. Ainsi, dix-huit mois avant de disparaître, déclarait-il : « Je connais la mort comme la cessation de la vie. Je rentrerai alors dans le néant où j'étais pendant la guerre de 14 ou en 1515. Quand le corps s'arrête, l'esprit disparaît aussi. Enfin, c'est une opinion personnelle, qui n'est fondée sur rien. Il en est de même pour ma conception de Dieu. Pour parler de lui, je ne peux pas plus affirmer qu'Il existe ou qu'Il n'existe pas. Plus j'avance en âge et plus je doute : je n'ai aucune certitude. Je ne peux pas. Je suis un pauvre type, quoi ! ». S'il met en scène parfois Jésus, par exemple dans *L'Antéchrist*, au ton léger et quelque peu irrévérencieux, il semble préférer le polythéisme de la mythologie antique (*Le Grand Pan*). Sans doute parce que les dieux des Grecs et des Romains ressemblaient davantage aux hommes.

———

Don Juan

Rares sont les personnages autant représentés au théâtre, dans la poésie, le roman, voire l'opéra. Parmi ceux qui le prirent comme héros, on compte notamment Molière, Mozart, Goldoni, Lord Byron, Pouchkine, Musset, Mérimée, Baudelaire, Apollinaire ou Roger Vailland. Don Juan est un mythe, donc imaginaire. Il aurait été inspiré par un personnage réel, celui de Don Juan Ternorio, un gentilhomme espagnol du XIVe siècle qui, près de trois siècles plus tard, aurait servi de modèle au dramaturge Tirso de Molina pour sa pièce *Le Trompeur de Séville et le convive de pierre*. Don Juan est aujourd'hui devenu synonyme de séducteur à grande échelle. C'est oublier qu'il est aussi un libre penseur, pourfendeur de la morale et de la religion. Le Don Juan de Brassens, lui, joue à contre-emploi. Le séducteur, connu pour avoir eu les plus belles femmes du monde dans ses bras, décide pour l'occasion de faire goûter les plaisirs de l'amour à une femme disgracieuse, d'où le leitmotiv de la chanson « Cette fille est trop vilaine il me la faut… ». Comment interpréter ce paradoxe ? Comme la bonne action d'un Don Juan repentant ? C'est possible. Mais peut-être Brassens avait-il lu les *Mémoires* de Casanova dans lesquels le Vénitien, expert en la matière, affirme d'expérience : « Mieux vaut coucher avec les laides qu'avec les belles, elles ont plus à se faire pardonner » ?

───────────────

Duc de Bordeaux (Le)

Brassens, dans *La Vénus callipyge*, cite le duc de Bordeaux pour parler des rondeurs du bas du dos de Vénus : « C'est le duc de Bordeaux qui s'en va, tête basse, / Car il ressemble au mien comme deux gouttes d'eau, / S'il ressemblait au vôtre on dirait, quand il passe :/ C'est un joli garçon que le duc de Bordeaux ». En 1871, Henri de Bourbon, duc de Bordeaux postula au trône de France, ce qui lui valut d'être brocardé par quelques vers d'une chanson satirique dont allait se souvenir Georges

Brassens : « Le duc de Bordeaux/ Ressemble à son père/ Son père à son frère/ Et son frère à mon cul / De là je conclus / Que le duc de Bordeaux / Ressemble à mon cul / Comme deux gouttes d'eau./ »

Duleu Édouard

« C'était un arbre, comme Brassens » dira Claude Nougaro en 2001, à la mort d'Edouard Duleu, à 92 ans. Duleu est un accordéoniste comme il y en a eu pendant toute la deuxième moitié du XXe siècle : Aimable, Verchuren, Azzola… Une époque où « on avait encore le droit de choisir soi-même sa vedette » comme le remarque Brassens dans la préface du livre de souvenirs de Duleu, *Ma vie sur un air d'accordéon* (Michel Lafon, 1981). Édouard et Georges s'étaient croisés dans les couloirs des studios d'enregistrement de Philips, leur marque de disques commune. Brassens invite alors Duleu dans sa maison de Crespières, dans les Yvelines. Et le nordiste de Wattrelos va bien s'entendre avec le sudiste de Sète. Duleu, constatant que la baignoire de la salle de bains de Brassens était trop petite pour lui, lui en fera même installer une à ses mesures…

L'accordéoniste préféré du chanteur lui rendra hommage dans un album reprenant ses succès à l'accordéon, « Edouard Duleu joue Brassens et Brel - Le Vieux Léon ». En 1967, les deux amis se retrouveront sur la scène du palais de Chaillot pour le gala de l'association Perce-Neige de Lino Ventura, avec Gabin, Fernandel, Bourvil. »

Duteil Yves

Auteur-compositeur, Yves Duteil n'a jamais caché son admiration pour Georges Brassens auquel il adresse une lettre dans son livre *Les Choses qu'on ne dit pas*. Le stylo qu'il reçut de Brassens a pris d'ailleurs valeur de symbole de transmission filiale pour celui qui continue à admirer chez Brassens l'excellence de la maîtrise des mots et de la musique. Yves Duteil , né aux Batignolles, à Paris, en 1949, chante et compose depuis l'adolescence, mais s'engagera dans des études en sciences économiques avant de se consacrer entièrement à son art. Il publiera son premier vinyl en 1972 et connaîtra le succès, en 1977 avec *Tarentelle*. Parmi les meilleures ventes de l'année 1978 se trouve l'album d'Yves Duteil avec *Le Petit pont de bois*. Côté palmarès, *Prendre un enfant par la main* fut élue, dix ans après sa sortie, *Chanson du siècle* par de nombreux médias, dont Canal +, et, bien sûr, par l'ensemble du public.

Autre titre marquant, *La Langue de chez nous* pour laquelle il reçut l'oscar de la Meilleure chanson française et la médaille d'argent de l'Académie française en 1986. Petit-neveu du capitaine Dreyfus, il lui consacrera une chanson sur l'album « Touché ». À l'instar de Brassens, Yves est un fervent admirateur de Ray Ventura. Ils interpréteront en duo la chanson *Les trois mandarins* au cours d'une émission télévisée *Numéro Un* du 2 septembre 1978, quelque temps avant « Le grand échiquier » d'octobre 79 où se fera la rencontre et l'enregistrement, en un nouveau duo, de *L'Orage* dans la maison de Brassens àCrespières, pendant laquelle le Maître va donner un cours de composition mémorable.

───────────

DUTRONC **J**ACQUES
Le facétieux Dutronc imitant

Brassens à la guitare, voilà qui sort de l'ordinaire... Il s'agit probablement de la première bande dessinée-disque, sortie en novembre 1970. *Le Sceptre* propose un concept inédit : le disque de vinyle, raconté et chanté par Jacques Dutronc, s'écoute en lisant la BD contenue dans la pochette. Une BD dessinée par Fred, créateur du personnage *Philémon* publié dans *Pilote*.

―――――――

Duvernoy Sophie

« Mon bon maître ... ». C'est de cette façon très vieille France que Brassens avait demandé d'être appelé par sa nouvelle « gouvernante », Sophie Duvernoy, surnommée de son côté « la Polonaise » en raison de ses origines. Précédemment au service de Raymond Peynet, quand celui-ci quitte Paris, elle passe au service de Brassens et le suit lorsqu'il déménage à quelques encablures, rue Santos Dumont.

Elle décrivait son rôle comme celui de la « gouvernante du silence », Brassens ne supportant pas le moindre bruit qui puisse contrarier sa concentration créatrice. Elle répond au téléphone, fait les courses, prépare les repas, tient les comptes et fait un ménage minimaliste. Elle n'entrait dans le bureau de Brassens qu'en son absence, pendant les grandes vacances, en faisant en sorte que rien ne soit déplacé comme il l'exigeait. Elle sera présente avec Pierre Onténiente et Pierre Louki au fameux serment entre Fallet et Brassens par lequel ils s'engageaient, par pacte écrit, peu de temps après la mort de Brel à ne pas parler publiquement de l'un ou de l'autre après leur mort.

―――――――

E

ÉOLE

Georges Brassens dans *Le Chapeau de Mireille*, une chanson chantée par Marcel Amont, revient vers ses racines méridionales et son panthéisme méditerranéen. Il fait, sous forme de petite fable, le récit du jeu amoureux de Mireille, de la séduction et de l'abandon, par la beauté frivole, du jeune amoureux. « Quel est l'bon vent qui s'est permis ça ? » s'interroge-t-il, en faisant un parallèle entre l'inconstance amoureuse et imprévisibilité des vents, avant de répondre « Non, mais c'est le plus fol/ Et le plus magistral/ De la bande à Éole/ », attribuant au dieu grec le pouvoir d'agir sur l'instabilité de la météo amoureuse.

ÉPICURE

Du philosophe grec Épicure,

(-341/-270 av. J-C) dont ne nous sont parvenus que très peu d'écrits, Brassens ne retient, dans *L'Andropause*, que la formule « Le pourceau d'Épicure », expression diffamatoire forgée par le poète latin Horace (-65/-8 av. J-C). Pour Epicure, l'un des premiers philosophes matérialistes, le bonheur, fondé sur la sensation et le plaisir (celui-ci n'étant en fait que l'absence de souffrance), avait pour principal obstacle les croyances religieuses. Ces idées lui valurent de nombreux ennemis qui s'employèrent à le diffamer, en en faisant un impie, un jouisseur débauché, un « pourceau ».

───────────

Esculape

Dans son « Bulletin de santé » chanté en date de novembre 1966, Brassens déplore : « On me suppose un mal qui ne pardonne pas, / Qui se rit d'Esculape et le laisse baba ». Quinze ans plus tard, c'est ce même cancer, dont il se moquait sans retenue, qui l'emportera. Esculape en pleure encore d'avoir une fois de plus perdu le combat. Lui le dieu de la santé et de la médecine, équivalent romain d'Asclépios (fils d'Apollon), pour qui les Grecs avaient construit un sanctuaire sur le site d'Épidaure. Alors qu'il ressentait les effets fatals de la ciguë, Socrate demanda à son disciple Criton de ne pas oublier, après sa mort, de sacrifier un coq à Asclépios (sacrifice censé guérir les maladies). Cette phrase énigmatique fera couler beaucoup d'encre. Nietzsche y verra un aveu d'échec, Socrate, d'après lui, considérant la vie comme une maladie.

───────────

ÉROS

« Brassens prétend que faire l'amour est " sale et ennuyeux ". J'ajoute : « et fatigant ». Ces propos, rapportés dans *Georges Brassens par René Fallet* (Denoël, 1967), en disent long sur le désintérêt du chanteur pour la « chose ». Pour preuve, dans toutes les paroles de ses chansons, Éros n'est cité qu'une seule fois dans *Le grand Pan* : « La plus humble amourette était alors bénie, / Sacrée par Aphrodite, Eros et compagnie. » Dans ses chansons comme dans sa vie, Brassens n'accorde que peu de place à la bagatelle. Les femmes qui ont partagé sa vie ont toutes été plus âgées que lui : Jeanne Planche (+ 30 ans), Püppchen (+ 10 ans). Ses portraits de femmes en musique présentent souvent des compagnes tolérantes, généreuses…, maternelles. Pour le chanteur, l'érotisme est compliqué, comme il l'avoue dans un entretien avec Louis Nucéra : « L'homme quand il a un désir sexuel à satisfaire, est relativement pressé. La femme a tout son temps, au contraire. On peut se demander si les hommes et les femmes sont faits pour ça, pour faire l'amour ensemble. » En 1979, au micro de Philippe Nemo, Brassens n'y songe même plus: « Rappelez vous toujours que vous êtes sur la terre pour continuer l'espèce, uniquement. J'en suis tout à fait persuadé. La preuve c'est que quand un type n'a plus d'érection, il ne regarde plus les filles. » Pourtant le poète a eu un impact certain sur les femmes. Son apparence, sa moustache, chose peu fréquente dans la seconde moitié du XXe siècle, et derrière laquelle se cache un sourire ravageur, lui vaudront l'attention de nombreuses personnalités du showbiz de l'époque. Ce qui attisera souvent la colère féroce de son « hôtesse » attitrée, Jeanne Planche : « Il est passé à la radio avec Catherine Sauvage, hurlait-elle. Je suis sûre qu'il l'a sautée, cette salope. Juliette Gréco, c'est pareil. Elles ont toutes le feu au cul ! » (*Le Mécréant de Dieu*, Jean-Claude Lamy, Albin Michel, 2004). Pure jalousie, car le poète se consacre avant tout à son art depuis belle lurette. Ainsi, en septembre 1945 il notait cette citation de Balzac : « Une nuit d'amour, c'est un livre de moins. » Et combien de chansons ?

———————

EVANGELISTA MARIO

« Tu devrais me faire des costumes déjà vieux. » Brassens fait cette recommandation digne d'un lord britannique à Mario Evangelista. Mario fait partie des « gardes du corps » de Brassens : c'est son tailleur. Des copains musiciens de Bobino lui ont donné son adresse un jour qu'il cherchait un nouveau tailleur. Ça ne pouvait tomber mieux car l'homme de l'art habite aussi dans le 14e arrondissement de Paris, rue des Plantes, à une encablure de l'impasse Florimont.

Les goûts de Brassens en matière de mode sont d'une grande simplicité : costume sombre et chemise blanche.

Mario va lui fournir en plus de ses attributs vestimentaires, une franche amitié autour de solides repas pris au bistro du coin, après les multiples essayages de rigueur.

Le jour où Mario, en instance de séparation avec sa femme, lui fait part de son souhait d'acheter un bien immobilier, Brassens va lui proposer de lui avancer l'argent manquant. Et quand le tailleur se prépare à lui signer une reconnaissance de dette, dans le cas où il viendrait à mourir, le chanteur va refuser en lui disant : « Si tu meurs, qu'est ce qui me fera le plus de peine, la perte de mon fric ou celle d'un ami ? » *(Brassens,* André Sallée ; Solar, 1991).

EVANS COLIN

Septembre 1970. Un jeune professeur de Cardiff, dans le pays de Galles, se rend à Paris pour achever des travaux universitaires : Colin Evans enseigne le français à ses étudiants et utilise à cet effet les textes des chansons de Brassens. Evans réussit à avoir un rendez-vous avec le chanteur et la rencontre a lieu rue Santos Dumont. Le Gallois est très impressionné par Brassens, qui le reçoit en survêtement. Mis à l'aise par le chanteur, il lui propose de venir chanter à l'université de Cardiff. ce que Brassens accepte sur le champ. Deux récitals seront donnés dans la capitale galloise le 28 octobre 1973. Le premier tour de chant se passe à merveille, le public étant composé d'étudiants en français de Colin Evans. Le second, un peu moins bien, car cette fois les spectateurs, « Gallois moyens », sont peu familiers des subtilités de la langue française et encore moins avec le répertoire de Brassens. Aussi certains d'entre-eux vont-ils peu à peu quitter la salle. « Georges est donc revenu, mi-déçu, mi-content de Cardiff », dira Pierre Onténiente. Il en reste un enregistrement public de ce tour de chant de Brassens, publié de son vivant, « Brassens in Great Britain, live 73 » Quelque temps plus tard, Colin Evans participera au projet d'un spectacle de chansons de Brassens pour les anglo-saxons. Mort Shuman en était le maître-d'œuvre. L'auteur de chansons pour Elvis Presley vient alors de s'installer à Paris, et a déjà monté à New-York un spectacle basé des chansons de Brel traduites en anglais. Lorsque Brassens va présenter les adaptations de Mort Shuman à son ami Colin Evans pour avis, celui-ci le dissuadera de poursuivre le projet : « Shuman traduit systématiquement une expression insolite par une expression attendue. Ça finit par ressembler à une passable chanson commerciale… » (*Georges Brassens*, Louis-Jean Calvet, Payot, 1991).

Brassens suivra le conseil de son ami gallois et ne donnera pas suite, et ses chansons restent pour l'essentiel inconnues aux USA, même si l'on peut mentionner un « Thank You Georges. Tribute to Georges Brassens » contenant quelques réussites… en guise de réponse à ceux qui douteraient encore de la qualité des mélodies de Georges Brassens.

Colin Evans est mort le 11 novembre 2005, une date qui n'aurait pas laissé sans réaction le pacifiste qu'était Brassens.

───────────

F

FALLET RENÉ

Sans doute le meilleur ami de Brassens. Les deux hommes se sont rencontrés en 1953. Cette année-là, Fallet, critique au *Canard Enchaîné*, entend *Le Parapluie* à la radio, puis va aux 3 Baudets écouter le chanteur, qui passe en première partie de Darry Cowl. Enthousiasmé, il en écrit dans son journal un portrait saisissant : « Il ressemble tout à la fois à Staline, à Orson Welles, à un bûcheron calabrais, à un Wisigoth et à une paire de moustaches. Cet arbre présentement planté sur la scène des 3 Baudets est timide, farouche, suant, mal embouché et gratte sa guitare comme on secoue des grilles de prison. Georges Brassens est un gros camion lancé à tout berzingue sur les chemins de la liberté ». Le chroniqueur envoie l'article à Brassens, qui demande alors à faire sa connaissance. Désormais ils ne se quitteront plus...

Journaliste à ses heures, Fallet est avant tout écrivain. Fils de cheminot, il quitte l'école après le certificat d'études, obtenu en 1940. Sept ans plus tard, à tout juste vingt ans, il écrit son premier roman *Banlieue sud-est*. Il publiera une trentaine de livres, dont plusieurs seront adaptés au cinéma, dont *Paris au mois d'août* (Prix Interallié 1964). Représentant d'une littérature populaire, voire populiste, Fallet, comme Brassens, aime la banlieue et le petit peuple parisien. Le comédien Jean Carmet le décrira ainsi : « Fallet est un homme de la rue. Tout l'indique : sa démarche et ses godasses ; sa musette de vagabond qui fait partie de sa silhouette ; ses vêtements et sa casquette, prévus pour les intempéries. Il s'habille de façon très pratique, comme tous ceux qui déambulent. Cet accoutrement lui tient lieu de capote. Fallet est un piéton décapotable. »

Si Georges apprécie la compagnie de René, c'est à cause de son humour, de sa capacité à rire de tout, même de la mort, mais aussi de la confiance absolue qu'il lui fait en matière de chansons. « Le père Fallet, dira-t-il, je lui montre tout. S'il aime, je garde, sinon, je jette. Avant de savoir si je dois les chanter sur scène, je lui fais écouter toutes mes nouvelles chansons. Parce qu'il n'est pas un technicien de la musique et de la ritournelle. Parce qu'il sait me donner sans tricher l'avis des non-initiés ».

Avec toujours une grande acuité, Fallet écrira les notes de pochettes de la plupart des albums de Brassens. Le chanteur lui rendra la pareille, écrivant les préfaces de quatre de ses livres (*L'Amour baroque*, *Le Braconnier de Dieu*). Toujours par amitié, Brassens acceptera en 1957 de faire l'acteur dans *Porte des Lilas*, un film de René Clair d'après le roman de Fallet *La grande ceinture*. En 1978, les deux amis signèrent un pacte devant témoins, par lequel en cas de « la mort de l'un ou l'autre, le survivant refusera catégoriquement – et quelles que puissent être les sommes proposées – de parler en public du "cher disparu" ». Fallet, qui s'éteignit d'un cancer moins de deux ans après Brassens, respectera son engagement et s'abstiendra de tout commentaire à la mort de son ami.

───────────────

Fanny

« Enfin, je vins au monde et, depuis, je lui voue/ Un culte véritable et, quand je perds aux boules, / En embrassant Fanny, je ne pense qu'à vous./ » Brassens fait référence dans *Vénus callipyge* d'une coutume qui avait cours sur les aires de jeu où les joueurs, n'ayant marqué aucun point au cours d'une partie, devaient embrasser la représentation d'une femme montrant ses fesses. Faute de représentation de Fanny, une photo ou une sculpture à proximité de l'aire de jeu pouvait faire l'affaire.

───────────────

Favreau Joel

Tout à la fois guitariste, chanteur et compositeur, Joel Favreau (né en 1939) va débuter à la fin des années soixante dans le sillage d'artistes comme Le Forestier, Higelin et Moustaki. En 1969, il rencontre Brassens chez une amie, la chanteuse Colette Chevrot, dont il est l'accompagnateur. Brassens vient de déménager dans un immeuble ultramoderne du 15e arrondissement et a besoin de bibliothèque. Colette est aussi menuisier... Après avoir installé la bibliothèque, Colette fait les présentations, et les deux musiciens vont alors se découvrir une passion commune pour Django Reinhardt.

Le chanteur vient de perdre Mimi Rosso, le deuxième guitariste qu'il prend pour étoffer l'accompagnement de ses chansons. C'est Joel Favreau qui va désormais tenir ce rôle, jusqu'à la fin. Leur collaboration va suivre un rituel immuable : Brassens enregistre une bande de travail qu'il fait écouter à Favreau. Il a déjà une idée très précise de ce qu'il veut et où il le veut : « Il me disait " là j'ai pensé à un petit truc si ça ne t'embête pas " », se souvient Favreau. « Et le plus souvent, je me rendais compte que ça faisait partie de la chanson, qu'il me demandait de faire des ritournelles évidentes à l'endroit où il le fallait. Ses propres accords étaient étonnants : il utilisait, de façon délibérée, des accords inattendus, bizarres, et si Pierre Nicolas ou moi le lui faisions remarquer, il répondait avec superbe : « Les musiciens sont des cons ! » Et il avait souvent raison dans ses audaces. C'était bien ces accords là qu'il fallait. » Depuis la mort de son ami Georges, Joel perpétue le souvenir du poète : c'est lui qui a conçu, produit et arrangé en 1996 « Ils chantent Brassens » l'album-hommage aux chansons de Brassens d'autres grands noms (Cabrel, Souchon, Renaud, Le Forestier). Avec son spectacle « Salut Brassens », en compagnie de Jean-Jacques Franchin à l'accordéon, il tourne depuis plusieurs années dans le monde entier.

FERNANDE

L'héroïne de cette « mâle ritournelle » de 1972 est

devenue depuis plusieurs décennies l'incontournable compagne de soirées viriles. Mais qui était donc cette Fernande aux pouvoirs érotiques surpuissants. Si ce n'était que pour la rime, pourquoi Brassens a-t-il choisi Fernande, et pas Rolande, Armande ou Yolande ? Il existe bien une Fernande Hoex, amie belge de Brassens, mais sa discrétion exclut toute influence sur l'écriture de cette chanson. Même s'il y a eu dans les années 1920 une jeune Fernande, modèle préférée du photographe Jean Agélou, qui est devenue une légende de la photo érotique… Non, il semble bien que le hasard ait guidé la plume de Brassens dans le choix de ce prénom. Lui-même le confesse lors d'une discussion à bâtons rompus avant l'enregistrement de *Fernande*, dans les studios d'Europe 1 en 1972 : « Quand j'écris "quand je pense à Fernande je bande, je bande", c'est logique ça ? » Brassens aura redonné une seconde vie à ce vieux prénom. Un groupe de rock l'a pris pour nom, *Reviens Fernande,* et, depuis dix ans, chaque année, au Théâtre de la mer, route de la Corniche, à Sète a lieu le Festival « Quand je pense à Fernande ».

Ferrat Jean

Alors qu'il est devenu un artiste prometteur, Jean Ferrat publie, en 1963, dans le plus pur style du Maître (juste une guitare et une contrebasse), une chanson intitulée *À Brassens*. Mais un an plus tard, alors que Georges Brassens vient de sortir *Les deux oncles,* il aurait semble-t-il renié cet hommage. Cela ne l'empêchera pas de participer, avec Brassens, à une émission de télé mémorable le 16 mars 1969, « L'Invité du dimanche ».

Son parcours dans la chanson commence en 1955, quand l'une de ses compositions – il a mis en musique *Les Yeux d'Elsa* d'Aragon – est enregistrée par André Claveau ! En 1962, il triomphe avec *Deux enfants au soleil*, tube qu'il offre et partage avec Isabelle Aubret, son interprète fétiche. Né à Vaucresson en 1930, Jean Ferrat, Tennembaum de son vrai nom, a onze ans lorsque son père est conduit à Drancy avant d'être déporté à Auschwich où il mourra en 1942. En souvenir de ces années, Jean enregistrera *Nuit et brouillard*. En 1964 / 65 il triomphe avec *La Montagne*, *C'est beau la vie* et *Potemkine*. Il est mort le 13 mars 2010.

Ferré Léo

Les chemins de Georges Brassens et de Léo Ferré ne se sont croisés qu'à de rares occasions, biens qu'ils aient partagés nombre de références communes, leur anarchisme proclamé, mêlant méfiance jusqu'au rejet des institutions et des honneurs, pacifisme et antimilitarisme. Leur compagnonnage avec les anarchistes n'en fera pas pour autant des proches, au point que certains auraient voulu y voir, à tort, quelque inimitié. Ce dont ils se défendront toujours mettant au compte de leur parcours très différents cette fréquentation occasionnelle. La rencontre de janvier 1969 organisée par le journal *Rock & Folk*, avec Brassens (et Brel), que l'on peut retrouver dans le livre *Trois hommes dans un salon* de François-René Cristiani et Jean-Pierre Leloir, rend bien compte de cette estime réciproque des trois géants de la chanson française.

Léo Ferré (1916-1993), qui savait manier le sarcasme et l'ironie tout autant que la tendresse et les sentiments dans ses enregistrements des années 50 et 60, radicalise son discours à l'occasion des évènements de 68. Il est le 10 mai, à la Mutualité, chantant *Les Anarchistes* pour le meeting de la Fédération anarchiste. Une démarche qui débouche sur l'album « Amour Anarchie » et de nombreux titres de cette période.

En 1972 il retrouvera Brassens à un concert en faveur de l'abolition de la peine de mort.

FLIC

Argousins, cognes, pandores, flics, gendarmes... de tout poil et de tout nom, la maréchaussée est omniprésente chez Georges Brassens. Depuis ses premières chansons vers le milieu des années 1940, jusqu'au dernier enregistrement en 1976, une petite vingtaine de chansons la met en scène, rarement en valeur. L'anar pur et dur de *La File indienne* « Derrière le dur balafré / Marchait un flic à pas feutrés » fera place cependant 30 ans après à un homme plus tolérant dans *Don Juan :* « Gloire au flic qui barrait le passage aux autos / Pour laisser traverser les chats de Léautaud ! » Et si le chanteur déteste les uniformes (« sauf celui du facteur ») deux évènements de sa vie vont le faire changer. Le premier se passe dans les années 50, lors d'une tournée, un soir de relâche. Georges et son ami Pierre Maguelon (dit Petit Bobo) sont au cinéma. Pendant la projection, Brassens se sentant mal, sort prendre l'air. Au bout d'un moment, Petit Bobo, inquiet de ne pas le revoir, sort à son tour. Il trouve Brassens assis dans un coin, couvert de la pèlerine qu'un agent compatissant lui avait prêté pour qu'il ne prenne pas froid. On imagine l'hilarité de la bande à Brassens... Le second a lieu peu de temps après : Elvira Brassens, sa mère, dut subir une sérieuse opération chirurgicale à Sète, la ville natale du chanteur. Quand Brassens apprend que c'était des gendarmes du coin qui avaient donné leur sang pour cette intervention, il offre une partie de la recette de son spectacle aux intéressés. La petite histoire affirme que sa mère a ensuite intimé à son fils l'ordre de ne plus les brocarder dans ses chansons, « Maintenant qu'on a du sang de gendarme dans la famille ! »

Florimont

Le nom de Florimont est lié à vingt ans de la vie de Brassens. De 1946 à 1966, le chanteur va être « hébergé » au 9 de l'impasse Florimont dans le 14e, par Jeanne et Marcel Planche. À la mort de sa tante Antoinette, il s'y installe à demeure. Le confort y est spartiate. C'est Brassens qui va faire les améliorations indispensables : « Avec mes premier cachets, j'ai installé le gaz et l'électricité. » confie-t-il à Philippe Nemo en 1979. Brassens surnommera la petite bâtisse au fond de l'impasse « La maison du bon Dieu » dans *Jeanne*, chanson de 1962. Après avoir acheté le 9, ainsi que le 7, de la ruelle en 1968, après la mort de Jeanne, Brassens offrira les deux maisons à son secrétaire Pierre Onténiente.

Florimont serait le nom du propriétaire de la voie à laquelle on a donné son nom, selon la coutume de l'époque. Il reste une énigme sur le lieu : de tout temps, le nom a été orthographié officiellement avec un t final, y compris bien sûr par Brassens dans ses courriers aux Planche. Or aujourd'hui la plaque de la voie est orthographiée avec un **d**, comme Florimond, le personnage du Prince charmant dans le ballet *La Belle au bois dormant* de Tchaïkovski…

―――――――――

Fort Paul

« Si j'avais été simple musicien, il aurait été mon parolier ». L'admiration que Brassens porte au « Prince des poètes », surnom de Paul Fort, remonte loin dans la mémoire du chanteur : dès 15-16 ans, il découvre cet écrivain à la poésie pleine de grâce, de fantaisie, et de verve populaire. « Mes premiers vers étaient inspirés de Paul Fort. Lorsque j'ai commencé à écrire des chansons, je trouvais que lui-même écrivait « pour des chansons » révèle le chanteur en 1971. « La musique manque à peine sur ses vers. » En 1952, Brassens enregistre *Le petit cheval,* extrait du recueil de Paul Fort *Mortcerf.* C'est le premier poème chanté dans l'œuvre de l'artiste. La mise en musique du poème est largement antérieure : un an auparavant, *Le petit cheval* avait eu une auditrice attentive, la petite fille de son ami Jacques Grello. Georges Boulard relate l'anecdote (*Brassens passionnément*) : « Un après-midi Brassens trouve Catherine, la petite fille de son ami Grello malheureuse. Elle n'arrive pas à mémoriser la poésie qu'elle doit apprendre pour le lendemain, *Le petit cheval* de Paul Fort. Georges qui connaît bien ce poème qu'il a déjà mis en musique, le lui chante, et ainsi la petite fille apprendra bien vite sa leçon. » Georges Brassens ayant omis de demander l'autorisation à Paul Fort, c'est un peu par hasard que le poète découvre la chanson et la trouve à son goût : « Mais il est bien, ce Brassens ! » constatera-t-il.

Les deux poètes finiront par se rencontrer en 1953 et Paul Fort lui dédicacera alors son *Anthologie des ballades françaises 1892-1941* : « Pour Georges Brassens, complice qui m'est tombé du ciel folklorique français – vrai de vrai chantre du cœur gaulois – et que j'admire. » Trois autres poèmes de Paul Fort seront mis en musique par Brassens la même année, *Comme hier, Si le bon dieu l'avait voulu* et *La Marine*. Les deux hommes garderont une relation parfaite jusqu'à la mort de l'écrivain, en 1960.

FRÈRES JACQUES

C'est avec eux que Brassens fit sa première tournée (été 1952). Ils lui consacreront un album en 1977, « Le Brassens des Frères Jacques », proposant, c'est étonnant de leur part, des chansons plutôt sages (*La Chasse aux papillons, Dans l'eau de la claire fontaine, Il suffit de passer le pont,* etc.). Car jusqu'alors les Frères Jacques étaient considérés comme les « dévergondés » de la chanson, détenant sans doute le record du nombre de chansons interdites ou déconseillées à la programmation : *La Gavotte des bâtons blancs* (manque de respect envers la police), *Son nombril* (d'Yvette Guilbert, jugée obscène), *Les petits cabinets de province* (renvoyée par la SA CEM accompagnée du commentaire « chanson systématiquement scatologique »), *Quelqu'un* de Prévert (le héros de la chanson s'appelle Monsieur Ducon), *Général à vendre*, de Francis Blanche, censurée sous de Gaulle. Ils ont également enregistré des chansons paillardes sous des pseudonymes (les Quatre Jules ou les Frères Jacobus). Ils se sépareront en 1983 après 36 années de carrière.

G

GAINSBOURG Serge

Même si Brassens, pour des broutilles, s'enguirlanda parfois avec Canetti, il faut reconnaître qu'on ne fit pas meilleur dénicheur de talents que lui : après avoir découvert Marlene Dietrich et Edith Piaf dans les années 30, on peut considérer qu'à partir de 1947 Canetti a fait passer tous les grands noms de la chanson française aux 3 Baudets et les y fit se rencontrer.

Mais pas toujours : la guitare de Georges Brassens n'a pas joué avec le piano de Serge Gainsbourg (1928-1991) : la première s'y plante en 1953, le second quasiment cinq ans plus tard. Leurs univers, assez éloignés, se croiseront de façon posthume, par le hasard du cinéma et de la bande dessinée : Joann Sfar, responsable en 2010 du film *Gainsbourg, vie héroïque*, avait déclaré « Pour mon film sur Gainsbourg, je voulais me déguiser en Brassens ». Et c'est Sfar (auteur du *Chat du rabbin*) qui, pour l'exposition *Brassens ou la liberté*, a illustré 121 chansons du Maître (*Paroles et crayons*, Gallimard).

———

GARCIA MARQUEZ GABRIEL
L'écrivain colombien Prix Nobel de littérature en 1982 considérait Georges Brassens comme le meilleur poète français de son temps. Début novembre 1981, une semaine après sa disparition, Gabriel Garcia Marquez écrivit un magnifique texte sur l'artiste et sur l'homme : « Je ne l'ai vu en personne qu'une seule fois, lors de sa première prestation à l'Olympia. C'était un ours tendre, avec les yeux les plus tristes que j'aie jamais vus, et un instinct poétique que rien n'arrêtait. Pendant cette soirée inoubliable à l'Olympia, il a chanté comme jamais, torturé par sa peur congénitale du spectacle public, et il était impossible de savoir si nous pleurions à cause de la beauté de ses chansons, ou de la pitié que suscitait en nous la solitude de cet homme fait pour un autre monde et un autre temps. C'était comme écouter François Villon en personne, ou un Rabelais perdu et féroce. » Arrivé depuis peu à Paris, le romancier se découvre des goûts littéraires communs avec Brassens : c'est l'époque où il se procure l'œuvre complète de Rabelais, un auteur qui aura une influence importante sur son œuvre.

Gabriel Garcia Marquez ne reverra plus Brassens, mais le poète sera associé à un autre moment de sa vie : « En 1955, un soir, en sortant d'un cinéma, je fus arrêté dans la rue par des policiers qui me crachèrent au visage et me firent monter sous les coups dans un fourgon blindé. Il était rempli d'Algériens taciturnes, qui eux aussi avaient été cueillis avec coups et crachats dans les bistrots du quartier. Comme les agents qui nous avaient arrêtés, ils croyaient eux aussi que j'étais algérien. De sorte que nous passâmes la nuit ensemble, serrés comme des sardines dans une cellule du commissariat. Les Algériens et moi, pour gâcher leur plaisir, nous veillâmes toute la nuit en chantant les chansons de Brassens contre les excès et l'imbécillité de la force publique. » *(Notas de Prensa,* 11 novembre 1981. Traduction Philippe Billé.)

───────────

Gastibelza

Victor Hugo, aurait, paraît-il, interdit qu'on « dépose de la musique sur ses vers ». Bien que la citation semble apocryphe, Brassens, qui voyait en Hugo l'un des plus grands poètes français, passa outre à deux reprises. Gastibelza, sorte d'espagnolade picaresque, est tiré de « Guitare » pièce XXII du recueil *Les Rayons et les ombres* (1837). Le poème contient de nombreux patronymes à l'étymologie incertaine. À commencer par le nom Gastibelza, qui pourrait venir du Basque, «gazte» dans cette langue signifiant «jeune homme» et «belz», «noir». Il renferme également un anachronisme étrange, César n'ayant pas pu être « empereur d'Allemagne », puisque ce pays n'existait pas encore de son temps. Le poème avait déjà été mis en musique, du vivant d'Hugo, par Hippolyte Monpou sous le titre *Gastibelza, le Fou de Tolède*. Il inspira aussi un opéra, de Maillart pour la musique et Denney et Cormon pour le livret, créé en 1847.

───────────

Gavroche

Personnage que Victor Hugo met en scène dans *Les Misérables* en train de dépouiller des corps, au cours d'une bataille de rue entre républicains et royalistes dans Paris, chantant « Je suis tombé par terre, / C'est la faute à Voltaire, / Le nez dans le ruisseau, / C'est la faute à Rousseau » avant d'être tué par une balle. Brassens fait référence à Gavroche « Honte à cet effronté qui peut chanter pendant/ Que Rome brûle, ell' brûl' tout l' temps… », pour mieux pourfendre les moralistes qui voudraient que les chansons s'arrêtent quand « Rome brûle », autrement dit, quand les temps sont durs pour les laissés-pour-compte de l'Histoire, ce qui est toujours le cas.

Géo Cédille

Gilles Colin, Géo Cédille, sous les initiales G.C. de ces deux surnoms se cache Georges Charles… Brassens. Ces trois pseudonymes – Colin, Cédille, GC –, sont ceux que le jeune Georges va adopter pour sa collaboration au journal anarchiste *Le Libertaire* de septembre 1946 à juin 1947. Une légende couramment répandue l'affuble également d'autres noms de plume tel « Pépin Cadavre », « Gilles Corbeau », ou encore « Jo la Cédille ». C'est avec ce dernier alias que Brassens aurait commencé sa collaboration écrite au *Libertaire* en créant une… rubrique de grammaire ! Légende encore : on ne trouve pas de trace de cette chronique, ni du corbeau ou du cadavre, dans les archives du journal. En revanche, il y figure un certain nombre d'articles signés de l'un ou l'autre des trois pseudos, billets virulents qui dégomment tout, la police, l'église, les partis... Le premier est signé Géo Cédille et paraît dans *Le Libertaire*, le 20 septembre 1946. Il a pour titre « Vilains propos sur la maréchaussée » : « Nul ne saurait décemment tenir rigueur à des gendarmes de leur tendance à vouloir vivre en bonne intelligence avec la bêtise... » Quinze autres papiers du jeune Brassens – 25 ans – suivront, dans lesquels, comme a dit Coluche, « y en aura pour tout le monde ! »

GIROUD Françoise

« Il chante tête baissée, buté, blême sous un casque de boucles noires. ... » C'est Brassens, tel que l'a vu Françoise Giroud en mars 1953 sur la scène des 3 Baudets. Pour la journaliste parisienne, comme pour le chanteur, l'année 53 est une année clé. Tout en collaborant encore à *l'Intransigeant, France-Soir* et *France Dimanche*, dans lequel paraît cet article, elle va fonder deux mois plus tard le magazine *L'Express*, avec Jean-Jacques Servan-Schreiber. Mais Françoise Giroud possède un côté showbiz moins connu : son premier livre a pour titre *Le Tout-Paris,* et elle a déjà écrit les paroles de chansons telles que *Le petit chaperon rouge* en 1944 et *Quand Betty fait Boop* en 1945... Bref, la journaliste ne pouvait pas passer à côté de Brassens.

La même année, Françoise Giroud revient à la charge : « Quand on prononce son nom – Georges Brassens – il se trouve toujours quelqu'un pour dire « il est formidable » et quelqu'un pour demander « mais qui est-ce ? » Qui est-ce ? Peut-être un grand poète de la chanson, peut-être rien. Un bruit qui court. Peut-être celui dont on récitera dans cinq ans les œuvres avec ferveur. » Deux ans plus tard, face à Pierre Dumayet pour son émission « Lecture pour tous », elle gardera un souvenir très vif de ce Brassens des débuts : était alors un homme très, très misérable. Brusquement il a eu une certaine notoriété, et alors il s'est aperçu que la liberté, c'était

« J'ai vu Brassens au moment ou il était frappé par la célébrité, comme une maladie… Brassens terminé. » Une constatation à rapprocher de ce que Françoise Giroud écrit dans *Ce que je crois*, en 1978 : « On peut, un temps, être heureux. Je crois que le bonheur existe. La preuve en est que, soudain, il n'existe plus. »

_____

Gorille (Le)

Le gorille est le plus grands des singes, celui-ci aussi qui, par son comportement et sa morphologie, se rapproche le plus de l'homme (il appartient à la famille des anthropoïdes). Mais le gorille n'est pas un homme, il est un animal qui ignore la pudeur et exhibe ses parties génitales sans complexe. Cela donna peut-être l'idée à Brassens d'en faire le héros d'une fable grivoise, qui, grâce à une écriture d'un classicisme exemplaire, ne verse jamais dans le graveleux. *Le Gorille*, le tout premier morceau enregistré par Brassens, sortit en 1952 en 78 tours. La chanson resta interdite à la radio pendant plusieurs années, sans doute à cause de ses nombreuses connotations zoophiles, mais surtout parce qu'elle est une violente charge contre la peine de mort. En 2006, Joey Starr enregistra une version rap de la chanson modifiée – bien que l'ayant droit de Brassens y soit hostile – qui fut retirée de la vente après décision de justice, .

_____

Gotlib Marcel

C'est certainement le fan le plus absolu de Brassens. Marcel Gotlib, le créateur de la *Rubrique à Brac*, le dessinateur de *Pilote*, de *Fluide Glacial*, la star de la BD des années 70 est un inconditionnel de Georges. Avant même de dessiner, Gotlib, musicien à ses heures, se paye le luxe d'une place au premier rang de l'Olympia, pour aller écouter son idole et voir comment « il plaçe ses doigts sur la guitare. »

Dans une interview à la revue *Chorus* en 2006, il revient sur ce souvenir : « Je l'ai vu une fois à ses débuts à l'Olympia à la sortie des artistes rue Caumartin, où j'avais attendu qu'il n'y ait plus un chat. Je l'ai vu sortir, il a allumé sa pipe et il s'est barré vers l'Opéra. Ce fut la seule fois, à part sur scène bien entendu… Plus tard, Maxime le Forestier m'a dit un jour : on bouffe ensemble avec lui la semaine prochaine, je t'appelle demain. J'ai été pris de panique. Brassens était déjà statufié pour moi, c'était une icône, pire : la statue de la Liberté. J'ai appelé Maxime, pour lui dire : " Je ne veux pas le voir ! " Je n'aurais pas su quoi lui dire… » Même les Beatles n'ont pas provoqué une émotion aussi forte chez Gotlib. « Brassens j'en étais dingue. Quand je savais qu'un nouveau disque allait sortir, je n'écoutais plus la radio, parce que je voulais être vierge. Après l'avoir acheté, je le planquais, j'attendais d'être seul, je faisais l'obscurité je mettais le disque, et là… C'était le bonheur total ! » Gotlib a parsemé ses dessins de références aux chansons de Brassens. Malheureusement, de son propre aveu, il lui est impossible de faire une BD avec les chansons du poète. « De toute façon Brassens a 2000 ans de culture derrière lui. Je ne vais pas mettre mes pieds là dedans. »

GRANIER G**EORGES**

Né en 1928, Georges Granier est à la fois le cousin germain et le filleul de Brassens. Sa mère Louise est la sœur cadette d'Elvira Dagrosa. Pendant son enfance, le petit Georges Granier, qui habite à Sète dans le quartier du môle Saint-Louis, où ses parents sont commerçants, va passer les trois mois d'été chez les Brassens. C'est là que la complicité se crée entre les deux cousins. Elle ne se démentira jamais. Même quand Brassens s'installe à Paris et que Granier reste à Sète, où il passera toute vie. Plus tard, lorsque le chanteur retourne, chaque année, pour les vacances dans sa ville natale, il ne manque pas de faire signe à Granier. De son côté, celui-ci monte régulièrement à la capitale, où il est un habitué de l'impasse Florimont, puis de la rue Santos-Dumont. Il va aussi passer tout un été au moulin de Crespières, où il est chargé de divers travaux de bricolage. Vers la fin de sa vie, Brassens charge son filleul d'une mission : dénicher pour lui un appartement à Sète, sur le quai où, gamin, il s'embarquait avec sa mère pour aller à Bouzigues rendre visite à la famille du premier mari d'Elvira. En 1978, Granier trouve l'appartement. Brassens l'achète sans même le voir. Il y fera un séjour peu de temps avant sa mort.

―――――――

Gréco Juliette

Ambassadrice de la chanson française née en 1927, elle chante Brassens (*Chanson pour l'Auvergnat, La Marche nuptiale*, et *Le Temps passé* qu'il avait écrit à son intention) et, en 1966, assure sa première partie au TNP. Auparavant elle a triomphé avec des chansons de Léo Ferré (*Jolie Môme, Paris canaille*), de Prévert et Kosma (*Les Feuilles mortes*), de Béart (*Il n'y a plus d'après*), de Gainsbourg (*Accordéon* et *La Javanaise*).

Elle eut un début de vie difficile : sa mère et sa sœur furent déportées, et elle-même fut arrêtée par la Gestapo. À la Libération, elle fait partie de la bande à Vian, Queneau, Vadim, Camus, Sartre. Elève de Jean-Louis Barrault, elle interprète *Bonheur, impair et passe* de

Françoise Sagan. Jean Cocteau lui confie un rôle dans *Orphée*. François Mauriac la surnomme « le beau poisson noir ». Le trompettiste de jazz Miles Davis tombe amoureux d'elle ; elle va le retrouver aux États-Unis avant de mettre fin à leur relation : là-bas, un couple composé d'un Noir et d'une Blanche est un délit dans de nombreux États. Le cinéma lui propose la conquête d'Hollywood : elle tourne avec Zanuck, Orson Welles, Ava Gardner, Erroll Flynn. En 1965, elle brille dans le feuilleton télévisé *Belphégor*. En 1966 elle inscrit au hit-parade *Un Petit Poisson, un petit oiseau* et, en 1968, *Déshabillez-moi*. Après une longue amitié, elle épouse Gérard Jouannest, pianiste de Brel. Elle avait auparavant été mariée avec des acteurs de renom, Philippe Lemaire et Michel Piccoli.

GRELLO JACQUES

Jacques Grello (1911-1978) est un chansonnier parisien renommé dès la fin des années quarante. Il tourne régulièrement dans les cabarets en vogue du moment, Le Théâtre de Dix Heures, Les 3 Baudets. C'est aussi un esprit libertaire, et un amateur de fleurs pour ses conquêtes féminines. À ces deux titres il est proche d'un certain Henri Bouyé : l'homme tient une boutique de fleurs, place de la République à Paris, mais surtout c'est le secrétaire général de la Fédération anarchiste. Bouyé, qui a rencontré Brassens dès 1946 et l'a employé quelques mois au journal *Le Libertaire*, apprécie le chanteur et essaie de l'aider à percer. En 1951, il organise un rendez-vous pour présenter le chanteur au chansonnier. Dans *Brassens Passionnément*, le livre du fidèle brassénien Georges Boulard, Henri Bouyé raconte

la scène dans l'appartement de Grello, rue des Bleuets à Paris : « Invité à interpréter quelques-unes de ses chansons, Brassens demande : "Vous n'avez pas de piano ?" Grello répond par la négative mais désigne du doigt une guitare posée sur un divan puis explique : "Je l'ai achetée avec un trop-perçu d'impôts, je vous la prête, mieux : je ne sais pas m'en servir, je vous la donne. Ainsi vous pourrez dire lorsque vous serez célèbre que vous avez été à vos débuts subventionné par l'État !" »
Brassens chante ses chansons du début à Grello, qui l'assure de son soutien : « Je vais m'occuper de vous et vous présenter à des patrons de cabarets qui sont aussi mes amis », lui propose-t-il. Jacques Grello parvient à faire passer le chanteur (très tard dans la soirée) au Caveau de la République, au Tabou, à l'Écluse… Mais les spectateurs sont décontenancés par ce gros ours qui transpire de trac et n'apprécient que modérément.
Malgré les efforts de Grello, c'est un Brassens découragé qui écrit en 1951 à son ami Marcel Renot : « Il m'a présenté à Jean Rigaud chez lequel je vais chanter un soir (1000 francs le verre pour la clientèle) aux Champs-Élysées. De là je passerai au Milord l'Arsouille (Palais-Royal), encore une boîte ultrachic et finalement, si je suis rodé, Rigaud m'engagera et me payera…ce qui m'intéresse assez, je l'avoue…Alors, commencera pour nous une ère de misère, de lamentations. » Devenu célèbre, Brassens sera fidèle à son ami en le prenant en première partie de ses tours de chant.

———

Guignol

Personnage du théâtre de marionnettes lyonnais, Guignol

est bien connu des enfants pour ses démêlés perpétuels avec le gendarme. Ce mot lyonnais vient du verbe guigner et guignol est « celui qui guigne, qui cligne de l'œil ». Mais dans *L'Hécatombe*, c'est le gendarme qui est désigné par le terme guignol dans une substitution de sens que pratique parfois la langue populaire : « Ces furies perdant tout' mesure/ Se ruèrent sur les guignols, ».

Gyss

Pour être Sétois Brassens n'en était pas pour autant marin. On peut même dire qu'il n'avait pas le pied très marin et était sujet au mal de mer. Son premier bateau le *Sauve qui peut* porte un nom qui est tout un programme. Quant au second, il terminera son convoyage sur un récif entre Cannes et Sète (le bateau est visible aujourd'hui au musée Paul Valéry). Le troisième, le *Gyss*, arborait les initiale des prénoms de Georges, d'Yves son beau-frère et de Simone, sa sœur. Bon nageur, Georges aimait partir pour des expéditions qui avaient pour destination… l'étang de Thau tout proche et ses fonds riches en moules où il plongeait pour les pêcher.

H

HALLYDAY JOHNNY

Georges Brassens fut l'une des premières idoles de Johnny avant qu'il ne découvre Elvis. Johnny expliquera que le poète représentait, pour lui, un peu l'image du père idéal qu'il n'avait pas eu. Sur le CD « Ma chanson d'enfance »,(2001), Johnny interprète *Le Parapluie*. Il la chantait occasionnellement depuis un quart de siècle, ainsi que *Corne d'Aurochs, La mauvaise réputation, Le Gorille* et sa mise en musique du poème de Paul Fort *Le petit cheval*. La rencontre, que l'on aurait pu croire impossible, entre le grand ciseleur des mots de la langue française et le prince des yé-yé, eut lieu le 12 février 1962 dans l'émission télévisée « À l'école des vedettes » d'Aimée Mortimer. Johnny, qu'on ne surnomme pas encore l'Idole des jeunes (car il n'enregistrera ce titres que quelques mois plus tard) retrouvera son Maître dix ans plus tard dans une autre émission de télé, « Top à Johnny », de mars 1972 pour entonner avec lui un couplet, un seul, du *Gorille*.

───────────

Hector (La femme d')

Bien qu'il n'y ait pas de référence implicite à l'Antiquité dans cette mention d'Hector, héros de la mythologie grecque, on sait combien Georges Brassens aimait s'y rapporter et en faire citation ? Dans le cas présent, *La Femme d'Hector,* met en scène une femme, « la plus aimable parmi / les femmes de nos amis / », bien loin de l'épouse d'Hector, fille de Priam, roi de Troie, Andromaque, considérée comme un modèle de vertu familiale chantée par Homère, Sophocle et Virgile... où alors pour mieux en jouer de l'opposition, bien loin de la tragédie antique.

───────────

Heiman Joha

Surnommée Püppchen, elle est la poupée de *Je me suis fait tout petit,* l'éternelle fiancée de *La Non-demande en mariage,* la favorite de *Saturne*. De dix ans son aînée (elle est née à Tallinn, en Estonie en 1911), Joha Heiman fut le grand amour de Brassens, sa compagne discrète qui resta dans son ombre pendant plus de trente ans. Ils se croisent pour la première fois au tout début de la guerre au métro Plaisance. Il lui sourit mais n'ose pas lui parler. Puis, en 1942, la jeune femme, dont le mari est prisonnier de guerre, part se réfugier en Anjou pour échapper aux persécutions antisémites. À la Libération, elle revient à Paris. Comme elle habite non loin de l'impasse Florimont, elle recroise le timide qui est toujours aussi incapable de l'aborder. Enfin, en 1947, tombant par hasard sur elle dans le métro, Georges trouve le courage de lui donner un rendez-vous. C'est le début d'amours clandestines. Joha, dont le couple se défait, est encore mariée. Quant à Georges, il doit rencontrer la jeune femme en cachette de Jeanne, très jalouse. Plus qu'une amante, Püppchen (d'abord baptisée « Blonde chenille » par le chanteur) est pour Brassens une muse. Chaque matin, il lui écrit une lettre d'amour, qu'il va déposer à son domicile en promenant sa chienne. En fait, même devenus libres, Georges et Joha n'habiteront jamais ensemble, chacun ayant son appartement, tout près de celui de l'autre. Leur relation était rythmée par un rituel. Trois fois par semaine, à 15 heures, Joha se rendait chez son amoureux. Ils se voyaient également le week-end et passaient leurs vacances ensemble. Malgré cette vie réglée, ils ne se lasseront jamais l'un de l'autre.

En 1967, pour le vingtième anniversaire de leur « non-mariage », Brassens emmènera Püppchen en voyage de noces en Allemagne. Une preuve d'amour s'il en est, car il avait les voyages en horreur. Le poète, qui a écrit pour Püppchen *La Non-Demande en mariage*, lui offrira néanmoins de l'épouser quelques mois avant sa mort, une proposition qu'elle déclinera. Après la mort de Brassens, Joha Heiman restera fidèle à sa discrétion légendaire, ne s'exprimant que très rarement à propos de son compagnon. Elle s'éteindra en décembre 1999, à l'âge de 88 ans.

_____

Hercule

Comme son père maçon, Brassens avait une force physique hors du commun qu'il entretenait soigneusement. Chaque matin, il se réveillait aux aurores (vers 4 ou 5 heures) et, avant de se mettre au travail, commençait sa journée par une bonne séance de culture physique. Extenseurs, planche à abdominaux, vélo d'appartement et haltères faisaient partie de son environnement quotidien. Au moulin de Crespières, il s'amusait à creuser des trous dans le jardin, juste pour le plaisir de faire de l'exercice. Rien d'étonnant alors que, dans sa chanson *Le Modeste* (autoportrait à peine voilé), Brassens dépeigne un méridional doté de bras d'Hercule. Ce personnage de la mythologie romaine n'est autre que le Héraclès des Grecs, connu pour ses douze travaux, parmi lesquels : tuer un lion, attraper un sanglier, voler des bœufs, battre à la course une biche…

Hérode

Dans *Comme une sœur*, Brassens reprend à son compte l'expression « vieux comme Hérode ». On dit aussi « vieux comme Mathusalem », ce qui se comprend si l'on sait que ce personnage biblique était censé avoir vécu 969 ans. Il n'en fut rien d'Hérode, roi de Judée de -37 à -4 avant J-C, qui ne vécut que 69 ans. Dans son évangile, Mathieu le décrit comme un homme cruel qui, ayant entendu parler de la naissance à Bethléem du « roi des Juifs », aurait ordonné la mise à mort de tous les enfants de moins de deux ans de la ville. Hérode fut le premier d'une longue lignée de rois portant le même nom. « Vieux comme Hérode » serait alors peut-être une allusion à la longévité de cette lignée.

Hippocrate

« Hippocrate dit "Oui c'est des crêtes de coq"/ Et Gallien dit "Non c'est des gonocoques" » (*Le Bulletin de santé*) est un détournement paillard d'une phrase extraite des *Folies amoureuses*, de l'écrivain français Jean-François Régnard (1655-1709). Médecin grec du siècle de Périclès, Hippocrate (-460/-370 av. J-C) est considéré comme le père de la médecine. Il est le premier à avoir édicté des règles éthiques dans sa discipline (le serment d'Hippocrate). Autre médecin grec, Gallien (129-201) a fait progresser la pharmacie et la chirurgie, réalisant notamment des opérations de la cataracte.

Hugo Victor

« Si j'avais connu Victor Hugo, je n'aurais surement pas osé l'approcher » a avoué Brassens un jour. Le chanteur a mis en musique *La Légende de la nonne* et *Gastibelza*, deux poèmes de l'auteur des *Contemplations*. L'association Brassens-Hugo, qui aujourd'hui paraît totalement naturelle, a en réalité été le fruit d'un cheminement long et volontaire. Lorsqu'il arrive à Paris en 1940, Brassens s'installe à demeure dans la bibliothèque du 14e arrondissement pour étudier la poésie et ses techniques, rime, métrique. « Et là je me suis aperçu que j'étais absolument nul. Je me suis demandé si, en lisant les poètes, je n'arriverais pas à acquérir sinon leur génie du moins à augmenter mon esprit de manière à écrire des chansons un peu meilleures. Alors j'ai pris aussi le goût du beau vers. » (*Georges Brassens, Entretiens et documents 1952-1979*). Brassens écume aussi les bouquinistes, achète recueil sur recueil, *Odes et ballades* de Victor Hugo, François Villon, Paul Fort, Max Jacob... En 1953 sort le 33 tours 25 cm Polydor avec *Gastibelza*. Brassens avait retrouvé Hugo : « Mes goûts ont varié avec le temps. À 18 ans je n'avais d'yeux que pour des gens comme Rimbaud, Mallarmé, Baudelaire. J'avais rejeté les types que je considérais comme pompier : Victor Hugo, Musset... Avec le temps je me suis aperçu que je faisais fausse route. Quelqu'un m'avait dit que Victor Hugo était pompier et j'avais adopté cette opinion sans réfléchir une seconde, sans même l'avoir vraiment lu. Je me suis donc aperçu que Victor Hugo savait ce que c'était qu'un vers, qu'il avait de très belles images et je me suis mis à l'aimer... Mon panthéon s'est un peu agrandi. J'ai remis tous ces dieux à leur place, qui est la plus grande... Et je me suis fait tout petit. » *(Entretiens et documents 1952-1979).* Trois ans plus tard, *La Légende de la nonne*, l'histoire de Doña Padilla, la novice séduite par un brigand, sera le second hommage d'un poète à un autre. Et dix ans après, les deux hommes seront une dernière fois réunis : Les poèmes de Georges Brassens sont publiés dans un recueil de la collection *Poètes d'aujourd'hui* des éditions Seghers, dans laquelle figure déjà, bien sûr, Victor Hugo.

I

ICARE

Dans la chanson *Le vingt-deux septembre* figure la référence à Icare, le fils de Dédale, qui lui avait confectionné des ailes pour qu'il puisse imiter le vol des oiseaux. Icare, monté trop haut et trop près du soleil qui fit fondre la cire utilisée pour coller les ailes, tomba. « Je montais jusqu'au ciel pour suivre l'hirondelle / Et me rompais les os en souvenir de vous... / Le complexe d'Icare à présent m'abandonne, » signifie qu'il n'entend plus laisser entraîner son esprit dans les vertiges commémoratifs du souvenir de l'amour perdu.

IBAÑEZ PACO

Les routes de Paco Ibañez et celle de Georges Brassens ne pouvaient que se croiser. Lui, réfugié en France avec ses parents républicains sympathisants anarchistes, opposant à Franco, guitariste, interprète des grands poètes espagnols qui gagna Paris pour y chanter et Brassens, ce « chanteur dérangeur » comme il l'appelait. C'est avec Brassens qu'il apprit « que la chanson valait la peine de lui consacrer sa vie ». En décembre 1969, sur la scène de l'Olympia, il interprétait *La mala reputación* (La mauvaise réputation) et Dix ans plus tard, il publiera l'album « Paco Ibáñez canta Brassens ».

———————

Iskin René
« Le temps est doux, belle, pour me permettre / De murmurer à vos genoux / Ce chant d'amour qui ce soir vient de naître / Reine de bal, pour vous, pour vous. » Ces paroles, d'un romantisme un peu niais, René Iskin en sera le premier interprète, en 1943, dans le camp de travail de Basdorf en Allemagne. La chanson, *Reine de bal*, est signée Georges Brassens, son camarade de chambrée, bientôt son ami. Les deux jeunes hommes ont été réquisitionnés par Vichy pour le STO, le Service du travail obligatoire, qui envoie une main d'œuvre française dans les usines du Troisième Reich. Dans leurs moments de liberté, Iskin et Brassens passent le temps en chantant les chansons de Trenet, Mireille, Chevalier, Rossi… Iskin a dégoté un vieux piano sur lequel Brassens, lui chante *Reine de bal*, en lui avouant en être l'auteur, ainsi qu'une vingtaine d'autres. Georges, appréciant la voix de crooner de René, lui demande de les chanter. Iskin est ravi et va se produire dans un petit spectacle, organisé pour les travailleurs du camp par André Larue, autre membre de la « bande à Basdorf ». Iskin chante quatre chansons de Brassens.

La guerre finie, les anciens de Basdorf se retrouvent et accompagnent la carrière de Brassens. René Iskin sera un des fidèles venus applaudir son ami pour « Grand Orchestre », sa toute première apparition à la télévision en 1952, après l'Alhambra à Paris. Brassens et Iskin se voient épisodiquement. En octobre 1976, quand Iskin vient saluer Brassens dans sa loge de Bobino où il vient de faire sa rentrée, le chanteur, ému, lui déclare: « À partir de maintenant, il ne faut plus qu'on se quitte. » René Iskin et son épouse iront désormais diner avec Brassens tous les mercredis soir, jusqu'en septembre 1980, quand Brassens va révèler son cancer à son ami, en lui demandant de ne rien en dire à personne. En 2003, René Iskin a rendu son dernier hommage au poète : presque soixante années après son passage sur la scène du camp allemand, il a enregistré *Retour A Basdorf*, un CD de chansons de Brassens, dont les inédites que Georges lui avait fait chanter en 1943… Le premier homme à avoir chanté Brassens est parti en 2005.

―――――

DICTIONNAIRE DES COPAINS, AMIS, POÈTES

JACQUOT LE PERROQUET

Brassens a toujours vécu au milieu de nombreux chats. Il eut aussi des compagnons à plumes. Le plus célèbre fut Jacquot le perroquet. Initialement acheté comme cadeau pour Jeanne, Jacquot, un gris du Gabon, cohabita avec Brassens pendant plus de vingt ans. Ainsi le suivit-il dans ses différents domiciles parisiens, de l'impasse Florimont à la rue Santos-Dumont. Jacquot avait la mauvaise habitude d'apostropher les visiteurs du chanteur de quelques jurons bien sentis, quand il ne leur donnait pas de furtifs coups de bec. Jugeant qu'il n'avait pas le temps de s'en occuper suffisamment, Brassens se résolut à s'en séparer pour le confier aux gardiens de l'immeuble Méridien où il avait habité à une époque.

——————

Jammes Francis

Un chanteur de sensibilité libertaire interprétant un poète catholique fervent, cela a dû irriter plus d'un anarchiste. D'autant plus que la chanson avait pour titre « La prière » et pour refrain « Je vous salue Marie ». Mais, bien qu'il ne fût pas croyant, Brassens n'a jamais été dogmatique en matière de religion. Quoi qu'il l'en soit, il est probable que le choix du chanteur fut moins dicté par des raisons idéologiques que littéraires. Le poème de Jammes, intitulé en réalité « Les mystères douloureux » a été publié au Mercure de France en 1906 dans le recueil *L'église habillé de feuilles*. Pyrénéen né en 1868 et mort en 1938, Francis Jammes, aujourd'hui oublié, a souvent été décrit comme un poète mièvre, dont les textes ne méritaient pas mieux que d'être ânonnés par les élèves de l'école primaire. Outre qu'avec ses alexandrins, « Les mystères douloureux » se prêtait bien à la mise en musique (la même que celle déjà utilisée pour « Il n'y a pas d'amour heureux » d'Aragon), on peut supposer que Brassens a pu être séduit par le thème de la souffrance des humbles traité avec une absence de grandiloquence dans l'écriture.

Jeanne

Lorque Brassens, en 1944, ne regagne pas le camp de Basdorf en Allemagne, sa tante Antoinette va devoir lui trouver une autre adresse, ne voulant pas héberger chez elle un neveu réfractaire au STO et susceptible d'être bientôt recherché. Le 24 mars il est accueilli chez Jeanne Planche, née Le Bonniec, une Bretonne de Lanvollon, chez qui il prend pension, impasse Florimont, dans le 14e arrondissement. Il y restera

22 ans, choyé, dorloté, surveillé par « la Jeanne » dont le mari Marcel Planche, un peintre en carrosserie, n'est autre que *L'Auvergnat* chanté par Brassens. Très possessive, Jeanne n'hésitait pas à confisquer l'unique pantalon de Georges pour l'empêcher de sortir lorsqu'elle soupçonnait un rendez-vous galant.

Il ne quittera l'impasse Florimont que 22 ans plus tard, lorque la Jeanne, après la mort de Marcel, jettera son dévolu sur un troisième mari, un autre Georges, de 30 ans son cadet, un clochard de 37 ans qui ressemble à Brassens, plus porté sur le verre que sur les vers alexandrins.

Durant deux ans, Jeanne vit d'amour, et son tourtereau d'autre chose que d'eau fraîche, entre les nombreux séjours qu'il effectue dans divers hôpitaux pour des cures de désintoxication. Remariée en 1966, la vieille dame décèdera le 24 octobre 1968.

───────

JÉRÉMIE

« Pas besoin d'être Jérémie, / Pour d'viner l'sort qui m'est promis, / » de la chanson *La mauvaise réputation* fait allusion au prophète de l'*Ancien testament* auquel on doit les prédictions sur l'invasion des Chaldéens, la destruction de Jérusalem et l'exil du peuple juif. Si on peut lui reconnaître une participation au *Livre de Jérémie*, il n'a en revanche pas pris part au *Livre des lamentations* qu'on lui attribue à tort. Sans doute doute doit à cela que le langage courant désigne sous le terme « jérémiades » des lamentations continuelles et généralement malvenues particulièrement pénibles pour ceux qui les supportent.

───────

Jo

Bien avant *Je me suis fait tout petit*, reflet de la stabilité de la liaison entretenue avec Püppchen, le répertoire de Brassens est émaillé de chansons témoignant des aventures sexuelles plus ou moins autobiographiques du jeune provincial dans le Paris d'après-guerre. Souvent crues et humoristiques, elles se finissent généralement mal, par l'infidélité de la belle (*Putain de toi*), quand ce n'est pas par une méchante maladie vénérienne (*Le mauvais sujet repenti*). L'héroïne de ces « chansons d'amour vache » se référerait à un personnage réel : la jeune Josette, surnommée par l'entourage du chanteur « La petite Jo », rencontrée par Brassens en juin 1945 au métro Denfert-Rochereau. Les relations érotico-amoureuses avec Jo se poursuivirent pendant quelques années, toujours dans la clandestinité (à cause de Jeanne), les amis de Georges prêtant leur logis au couple pour qu'il s'y retrouve. Et puis, au début des années 50, Jo disparut de la vie de Brassens. Elle est morte en 2007.

Jupiter

Dans *L'Orage*, Brassens parvient à mettre à contribution Jupiter dans une histoire d'amour particulièrement arrosée : « Le beau temps me dégoûte et m'fait grincer les dents, / Le bel azur me met en rage, / Car le plus grand amour qui m'fut donné sur terre / Je l'dois au mauvais temps, je l'dois à Jupiter ». Jupiter, le père des dieux romains, était représenté tenant dans sa main des éclairs, les foudres de *Jupiter Tonans*, dieu du tonnerre. Et si les Gaulois craignaient que le ciel ne leur tombe sur la tête, dans ce cas la foudre de Jupiter sera des plus bénéfiques.

K

KESSEL JOSEPH

Joseph Kessel et Brassens se rencontrèrent par l'intermédiaire de Louis Nucéra. En 1964, pour l'attribution du Grand prix du disque de l'académie Charles-Cros, Brassens avait pensé à Joseph Kessel pour le lui remettre mais, absent de Paris à ce moment, il fut demandé à Marcel Aymé de le faire. L'année suivante, ses amis Louis Nucéra, André Asséo et Joseph Kessel, vont imaginer faire entrer Georges Brassens à l'Académie française. Un projet dont ils informeront Marcel Pagnol, René Clair et Marcel Achard, jusqu'à ce que Brassens les arrête : « Vous ne me voyez pas avec un bicorne, ni même allant faire mes visites aux académiciens. Ma dignité me l'interdit. »

Krym Jacques

La rencontre entre Jacques Krym et Brassens a lieu le 24 août 1944 à Paris, alors qu'il assiste, avec un ami – qui habite Villa Seurat à deux pas de là –, à l'arrivée d'un détachement des troupes du général Leclerc remontant l'avenue d'Orléans. Brassens, venu de l'impasse Florimont toute proche, est un de ses voisins dans cette foule. « C'est à ce moment qu'un événement tragique va se dérouler : un coup de feu claque, dernière riposte d'un franc-tireur posté sur un toit. Mortellement touché, l'ami de Jacques Krym s'effondre dans les bras de Georges Brassens qui tentera en vain de le secourir ». Après cet évènement Jacques Krym et Brassens deviendront amis. Krim était né à Paris en 1917 et avait fait ses études à Janson de Sailly puis à Sciences-Po où ses camarades étaient Jacques Delmas – plus connu sous le nom de Jacques Chaban-Delmas – et Pierre Marcilhacy, futur candidat à la présidence de la République. Grand résistant, directeur de soieries à Lyon, il s'était installé par la suite en Provence et avait été maire du petit village de Cadenet. En 1964, avec Brassens et Miramont ils créeront l'association « Les Amis de Roger Toussenot » dont Georges sera le président d'honneur.

La Boétie Etienne de

Son nom est irrémédiablement lié à celui Montaigne. Dans *Les Copains d'abord*, « C'étaient pas des amis choisis/ Par Montaigne et la Boétie », Brassens n'échappe pas à la règle. Etienne de La Boétie, né en 1530, était un surdoué. Il n'a que 18 ans quand il publie son *Discours sur la servitude volontaire,* ouvrage éminemment subversif où il analyse les rapports entre le tyran et ceux qu'il domine. Le livre tombe entre les mains de Montaigne qui, étonné par la maturité du propos, cherche à en connaître l'auteur. Ils ne se quitteront plus. Montaigne et la Boétie sont devenus dès lors le symbole d'une amitié passionnée entre deux hommes (à tel point que certains parleront d'homosexualité les concernant). En 1563, La Boétie meurt de dysenterie à l'âge de 33 ans.

Dans le chapitre 28 du livre I des *Essais*, Montaigne reviendra en ces mots sur la sorte d'amitié qui le liait à La Boétie : « Au demeurant, ce que nous appelons ordinairement amis et amitié, ce ne sont qu'aquoinctances et familiarité nouées par quelque occasion ou commodité, par le moyen de laquelle nos âmes s'entretiennent. En l'amitié de laquelle je parle, elles se mêlent et se confondent l'une en l'autre, d'un mélange si universel, qu'elles effacent, et ne retrouvent plus la cousture qui les a jointes. Si on me presse de dire pourquoi je l'aimais, je sens que cela ne se peut exprimer, qu'en respondant : Par ce que c'estoit luy, par ce que c'estoit moy ».

LAFFORGUE RENÉ-LOUIS

René-Louis Lafforgue se fait connaître dans le monde de la chanson au même moment que Brassens, en 1953, avec la chanson *Le Poseur de rails*. Un an plus tard, Brassens, qui manie allègrement la préface, signe cette jolie introduction pour le nouveau disque de son ami, anar comme lui : « Il a l'air de chanter avec un crouton de pain à portée de la main. Sa guitare est de très mauvais bois, mais qu'est-ce-que cela peut bien nous faire ! Il chante. Il ne tend pas la patte. Il choisit. Il n'est pas poète pour n'importe qui. » Lafforgue devient ensuite un familier de l'impasse Florimont. Brassens l'aidera à peaufiner sa chanson *Julie la Rousse*. Les corrections de Brassens seront d'ailleurs bénéfiques : la chanson sera le plus gros succès de Lafforgue.

En 1967, alors que le chanteur vient d'être victime d'un accident de la route fatal, va se produire un évènement insolite et incongru qui marquera les témoins de la scène. Son enterrement avait lieu

au cimetière de Montrouge et Brassens, fidèle en amitié, avait demandé à Pierre Onténiente, de l'y conduire. « Je conduisais la voiture de Georges et on suivait le corbillard. On aperçut soudain un panneau qui indiquait "Paris 3 km". C'est Georges qui l'a vu le premier et qui m'a dit :
– Pierre, tu es bien sûr que c'est Lafforgue ? Je crois qu'on s'est trompé d'en-terrement !
– Mais si voyons, je réponds.
– Mais non ! Tout à l'heure le corbillard était recouvert de fleurs, maintenant il n'y a plus qu'une ou deux couronnes ! On s'est gouré de corbillard… »
Et le cortège d'une vingtaine de voitures a fait demi-tour : tous les amis avaient suivi, confiants dans le sérieux de Brassens. Car le Sétois a rarement manqué l'enterrement d'un ami. « Je répète le mien en allant à l'enterrement des autres » disait-il pour expliquer sa fréquentation des cimetières…

_____

LA FONTAINE JEAN DE

Même s'il ne l'a jamais mis en musique, Jean de La Fontaine (1622-695) était – avec François Villon – le poète préféré de Brassens. Pas un jour sans qu'il n'ouvre le recueil de ses *Fables*, livre que l'on trouvera sur sa table de chevet à côté de son lit de mort. Bien que nés dans des siècles très éloignés et des conditions différentes, les deux poètes avaient bien des points communs. Tous deux avaient choisi un genre mineur – l'un la fable, l'autre la chansonnette – pour dire avec légèreté des choses fort sérieuses. Si l'un fut reçu à l'Académie française (en 1684) et l'autre refusa d'y entrer, ils partageaient une même méfiance envers les honneurs et le pouvoir (cf. *Le petit joueur de flûteau*). « Je quitterais mon lit mesquin /Pour

une couche à baldaquin. / Je changerais ma chaumière / Pour une gentilhommière, / Avec un manoir à la clé, / Mon la se mettrait à gonfler, / On dirait partout le pays : / Le joueur de flûte a trahi. »
Brassens et son grand ancêtre se retrouvent également dans leurs thèmes de prédilection : par exemple la mort des humbles (*La Mort et le bûcheron*, *Bonhomme*) ou l'amitié (*Les deux amis*, *Les Copains d'abord*). Les ressemblances dans le traitement des sujets sont parfois troublantes. Ainsi, quand il met en scène son gorille libidineux en quête d'un humain avec qui copuler, nul doute que le chanteur a en tête « Le Singe », cette fable de La Fontaine au début si provocateur: « Il est un singe dans Paris / À qui l'on avait donné femme ». À sa façon, Brassens est aussi un fabuliste, certaines de ses chansons, telles *Pauvre Martin*, *Le grand chêne*, *L'Épave*, etc., suivent les règles strictes de l'apologue, ce court récit allégorique d'où se dégage une vérité morale. Mais ce qui attire le plus Brassens chez La Fontaine, dont Céline disait qu'il était le plus grand styliste français, c'est son génie de l'écriture. Sans emphase, et grâce à un savant mélange de langage populaire et de vocabulaire recherché, La Fontaine a le don de camper en quelques mots une situation ou un personnage. Brassens retiendra la leçon et appliquera la recette « à la lettre ».

La Fontaine est aussi l'auteur d'une comédie, dont on a perdu le texte, et de contes licencieux qui furent éclipsés par le succès de ses fables. Malgré ses écrits anticléricaux et sa vie épicurienne, il recevra l'extrême-onction, non sans avoir fait auparavant acte de contrition.

_____

LAMA Serge

Né à Bordeaux en 1943, Serge Chauvier dit Lama est fils d'un chanteur d'opérette réputé dans le Bordelais qui rêve de conquérir la capitale et pour cela y transporte toute sa petite famille. Serge ressent alors l'appel du monde de la chanson et lorsque le papa décidera de rejoindre son Bordeaux natal, il restera, lui, à Paris. Ses premiers enregistrements vont connaître l'échec. Croit-il enfin avoir pris un bon départ en assurant la première partie de Brassens à Bobino fin 1964, qu'il manque de mettre un point final à sa carrière et à sa vie tout court. Un accident de voiture, en 1965, le contraint à un an et demi d'immobilisation. Et l'on craint alors qu'il ne reste paralysé. Brassens participera au concert donné à son profit, à l'Olympia, en décembre 1965. Serge retrouve le chemin du hit-parade en 1968 : il avait eu le temps de peaufiner ses chansons sur son lit d'hôpital. Le déclic survient en 1971, lorsqu'il rencontre Alice Dona dont la carrière stagnait depuis 1964. Les tubes pleuvent alors, *D'aventure en aventure*, *Une île*, *C'est toujours comme ça la première fois*, *Les P'tites Femmes de Pigalle* et *Je suis malade* le plaçant en haut du hit-parade. En 1984 il rendra un hommage à celui qu'il admirait toujours dans son *Autour du tombeau de Brassens*.

LAMARTINE Alphonse de

C'est à l'école, dans un recueil de morceaux choisis, que Brassens a découvert Lamartine. Un poème, « Pensée des morts » dont il n'y avait que la première strophe, lui donne envie d'en savoir plus. « J'avais à l'époque un préjugé contre Lamartine, mais j'ai pensé un beau jour que je pouvais en faire une chanson, » dit Brassens au micro de Claude Wargnier pour son émission de poésie « Pirouettes ». En 1969, il va mettre en musique ce poème romantique « qui ne précise rien. C'est une musique mélancolique d'automne, qui suggère... Ce qui est difficile, quand on croit avoir quelque chose à dire, c'est de ne pas tout dire. » Au fil de ses chansons, Brassens va régulièrement évoquer la « camarde », la mort. « Tous les poètes ont parlé de la mort. Si vous prenez Baudelaire dans ma bibliothèque, vous verrez qu'à chaque page il en parle. Vous verrez que Victor Hugo ne parle que de ça. Si vous ne parlez pas de la mort, de quoi voulez-vous parler ? » se justifie-t-il. Pourtant, pour lui-même, la mort n'est pas une obsession : « En acceptant de vivre, j'ai accepté de mourir... Ma propre mort ne m'inquiète pas. Ce qui m'inquiète, c'est la mort de mes proches. » Friant des cimetières, qu'il visite régulièrement en compagnie du fidèle René Fallet, Brassens a même envisagé d'avoir un second endroit de repos éternel, une sorte de « caveau de campagne » (*sic*) à St-Gély : « Pourquoi pas deux sépultures ? » ironise-t-il. « Il est moins coûteux d'avoir deux caveaux que deux femmes... » (*Les Chemins qui ne mènent pas à Rome*, Georges Brassens, Le Cherche midi éditeur).

La Mazière Christian de

« Cet homme est un grand français ». C'est en 1991, au micro de Radio Courtoisie, que l'écrivain Christian de la Mazière fait cet éloge de Brassens. L'anarchiste adoubé par l'extrême-droite, voilà qui est surprenant... Car Christian de La Mazière a fait partie durant la seconde guerre mondiale de la Division Charlemagne, unité de la Waffen SS formée de Français. Condamné en 1946 puis gracié, il devient journaliste et décrit son engagement dans un livre, *Le Rêveur casqué* (1972). René Fallet, qui l'a connu attaché de presse sur le tournage du film *Porte des Lilas*, le lit et le fait parvenir à Brassens. Le chanteur a du être touché dans *Le Rêveur casqué* par un certain rejet du fanatisme, un dégout de la guerre – même si l'auteur, avec distance certes, justifie son engagement – car il réagit rapidement. « Deux jours après que je lui ai envoyé mon livre, Brassens m'a appelé. » se rappelle de la Mazière. « Toujours avec cette retenue caractéristique, il me dit « Christian j'ai eu ton livre, je l'ai lu dans la nuit. je vais faire une chanson là dessus… Parce toutes ces conneries, ça vaut pas le coup. » Cette chanson c'est *Mourir pour des idées…* Et elle m'a été dédiée, comme ça, ce jour-là, au bout du fil. »

« Mourons pour des idées, / d'accord, mais de mort lente »… De la Mazière est mort en 2006, à 84 ans, 24 de plus que Brassens…

―――――――

Lancelot Michel

Bizarre, l'histoire de l'amitié qui a uni quelques années deux personnalités aussi opposées que Georges Brassens et Michel Lancelot. Cela débute en 1969. Lancelot (c'est son vrai nom) est depuis quelques mois le jeune loup des médias, personnage emblématique et ambigu de l'après 68. Il produit et anime « Campus » l'émission de radio de contre-culture de la fin de la décennie. Le rendez-vous de soirée sur Europe N°1 est un medley décapant de musiques, rock, pop, classique, chanson à texte ; de grands sujets de société , homosexualité, suicide, euthanasie, peine de mort ; et de grands invités, Aragon, Fritz Lang, Jean Rostand, Leonard Bernstein... et Brassens. Brassens est lié à la station depuis ses débuts en 1955; quand Europe N°1 avait défendu le chanteur en diffusant ses chansons, interdites sur les ondes nationales parce que jugées trop subversives pour l'époque timorée des années 50. C'est donc ses amis de la rue François 1er qui vont présenter Lancelot, jeune journaliste de 30 ans, au « Gros », son aîné de 16 ans. Une première émission « Campus Spécial » a lieu en janvier 69, et le courant va vite passer entre les deux. Pourtant, bien des sujets les séparent : Lancelot a une attirance pour toutes les extrêmes (il a aussi été journaliste à... *Minute*), pour les grands débats sur l'homme et sur les idées. Le succès rapide, l'argent, les femmes ne lui font pas peur. Ce qui contraste avec l'attitude et la philosophie de Brassens.

Lancelot a le don de le faire sortir de sa réserve, et de l'amener à se dévoiler à l'antenne. La sympathie grandissante entre Georges et Michel va se transformer en amitié, à tel point que Lancelot déménage et va s'installer dans une maison proche de celle du chanteur, à Crespières dans les Yvelines. D'autres « Campus » vont avoir lieu, en particulier la remarquable série « Les Copains d'abord ». Pour l'occasion, ils seront presque tous là, René Fallet, Guy Béart, Jean Bertola... La session animée par Lancelot sera enregistrée le soir, et arrosée abondamment d'alcools et d'eaux-de-vie diverses. Autant dire qu'une ambiance très libre y règnait ! Les discussions portent naturellement sur la chanson, et le dialogue entre

Brassens et Béart est digne d'une anthologie (voir plus haut dans le dictionnaire à Copains d'abord) Entre Brassens et Lancelot s'installe une sorte de fascination de l'un pour l'autre : Brassens, figure « paternelle » de tolérance et d'écoute pour Lancelot (ce qui n'a pas été le cas pour le père de l'animateur, exécuté après la Seconde Guerre mondiale pour avoir appartenu à la police de la collaboration) ; Lancelot, fils brillant pour Brassens, jeune premier médiatique, séducteur, tourmenté, engagé... Et un peu manipulateur. Et puis c'est la brouille. Lancelot se servait-il de Brassens pour son bénéfice personnel ? La relation était-elle trop proche pour ne pas attirer les jalousies d'autres membres de l'entourage ? En tout cas il semble que l'amitié entre les deux hommes se soit cassée d'un coup. Dix ans plus tard, il se suivront dans la mort à peu de distance : Lancelot décédera brutalement en 1984 d'une crise cardiaque, 3 ans à peine après Brassens. Il avait 46 ans.

———

LAPOINTE BOBY

Boby avec un seul B ! Né le 16 avril 1922, le chanteur plus connu après sa mort que de son vivant, avait remporté quelques menus succès, parfois grâce au cinéma : en 1954, son inoubliable ritournelle *Avanie et framboise (Aragon et Castille)* revenait souvent dans *Poisson d'avril*, un film avec Bourvil, de Funès et Annie Cordy. Il chantait dans *Tirez sur le pianiste* de Truffaut, accompagné par Charles Aznavour. Il décrochera des petits rôles dans *Max et les ferrailleurs* et *Les Choses de la vie*. Des apparitions rares car l'homme était timide et discret. Il avait connu les bas mais rarement les hauts, trop bohème pour réussir.

Aux 3 Baudets, il sympathise avec Brassens qui bientôt lui proposera d'assurer ses premières parties... auxquelles Boby arrive fréquemment avec une heure de retard. Entre-temps il a ouvert un cabaret qui a fait faillite. Il a été, dans la dèche, magasinier chez Philips grâce à un coup de pouce de Georges qui, en outre, l'aidait financièrement. Robert Lapointe meurt le 29 juin 1972.

Larousse (petit)

Si Brassens fit appel au Petit Larousse pour ajuster ses mots, polir ses chansons, il ne pensait certainement pas devoir y entrer de son vivant. Et pourtant, l'année 1967 – à l'occasion d'un questionnaire proposé à trois mille convives invités par la vénérable maison éditrice du dictionnaire pour le 150ᵉ anniversaire de la naissance de Pierre Larousse – verra son nom être cité, entre Che Guevara et Henri de France, comme devant figurer dans le *Nouveau Petit Larousse*. Un oubli qui sera réparé dans les éditions suivantes et qui interviendra l'année où il allait recevoir le Grand prix de poésie de l'Académie française.

Larue André

Rencontré à Basdorf en Allemagne, au STO, André Larue ne fait pas partie des compagnons de la chambre 25, mais y animera la revue Paris-Basdorf, le spectacle donné au foyer du « camp sous la lune ». Après la guerre, en 1946, ils se revoient à Paris, où Larue est journaliste à *France-Soir*, pour la réalisation du *Cri des gueux*. Mais leurs relations tourneront court dans les années 50, la compagne de Larue n'appréciant que faiblement la fréquentation de Brassens. Larue publiera plus tard, en 1970, un *Brassens ou la mauvaise herbe*.

———————

Lavalette Bernard

Se produisant à Milord l'Arsouille ce soir-là et invité par Patachou dans son nouveau cabaret de la butte Montmartre à venir écouter, après minuit, un chanteur-compositeur, le comédien, chansonnier, Bernard Lavalette (de son vrai nom Bernard de Fleury) va assister à la première séance historique de Georges Brassens. De là naîtra une amitié durable entre les deux hommes. Bernard Lavalette fera même deux tournées de spectacle avec Brassens, en fin de première partie de spectacle, une proposition que lui avait faite Jacques Canetti. En 1986, il enregistre des *Nouvelles*, œuvres posthumes de Brassens, mises en musique par Jean Bertola, accompagné au piano par Roger Pouly, avec la contribution de Pierre Tchernia, son vieux comparse des sketches de cabaret au début des années 50.

———————

Laville Victor

Né la même année, ami d'enfance de Brassens, Victor Laville fait partie de « la bande des Sétois ». Ils se rencontrent au collège de Sète en 1935, là où Georges commence à écrire des poèmes et Victor à faire des croquis. Pendant la guerre, ils sont tous les deux réquisitionnés par le STO, l'un à Basdorf, l'autre près de Nuremberg. À la Libération, Laville entreprend une carrière de dessinateur de presse dans différentes publications de Montpellier : *Le Tigre*, *La Voix de la patrie* et *L'Écho du midi*. En 1947, il passe une année à Paris à la recherche d'un travail mais est contraint de regagner

Sète. L'année suivante, il tente à nouveau sa chance et finit par se faire engager à *Paris Match*, où il devient maquettiste illustrateur. Il sait que Georges est à Paris, mais a perdu sa trace. En janvier 1951, il tombe par hasard sur lui sur un quai de la gare de Lyon, où tous les deux sont venus attendre des Sétois. Ils renouent alors des liens d'amitié, si bien que tous les mercredis Georges vient passer une partie de l'après-midi rue Notre-Dame-des Champs, chez Laville et sa femme Raymonde, qui inspirera la chanson *La Femme d'Hector* (le changement de prénom étant dû à aux exigences de la versification). Il vient toujours avec sa guitare, parfois avec Püppchen, qui restera une amie du couple longtemps après la mort du chanteur. Chaussé d'espadrilles été comme hiver, Brassens mène une existence de semi-clochard. Pour sortir de la dèche, il essaie de placer ses chansons chez les éditeurs de musique afin qu'elle soient interprétées par d'autres. Essuyant refus sur refus, il a parfois du mal à dissimuler son découragement. « C'est un contemplatif qui cache ses sentiments », dira de lui son ami Laville. Celui-ci, pensant qu'une recommandation aiderait peut-être à briser l'indifférence des gens du métier, parle de son ami à Pierre Galante, qui tient la rubrique « Mondanités » à *Paris Match*. Le chroniqueur est justement très proche de Maurice Chevalier et de Patachou, chanteuse très connue à l'époque et patronne du cabaret qui porte son nom. Le 6 mars 1952, Brassens, accompagné de Pierre Galante, de Victor Laville et de Roger Thérond, autre Sétois travaillant à *Match*, se rendent à Montmartre auditionner chez Patachou. On connaît la suite.

Le Forestier Maxime

Plus qu'un héritier, il est le passeur. En 1996, Maxime Le Forestier sort *Petits bonheurs posthumes*, un album dans lequel il présente douze chansons de Brassens jamais interprétées par leur auteur. Même si ces chansons, à l'exception de *La file indienne*, ont déjà été enregistrées par Jean Bertola à la mort de Brassens, Le Forestier leur donne à cette occasion véritablement vie. Bien qu'il ait lui même une carrière à part entière et un style bien à lui, le créateur de *San Francisco* (1971), n'a jamais caché sa dette envers Brassens. Celui-ci non seulement l'a influencé artistiquement, mais lui a aussi donné un coup de pouce en le choisissant comme première partie de son récital en 1972. Sept ans plus tard, alors qu'il est devenu un chanteur très populaire, Le Forestier rend un premier hommage à son mentor en reprenant 13 de ses chansons, accompagné par le contrebassiste de jazz Patrice Caratini. Alors que certains, comme Renaud, se contenteront de chanter Brassens « à l'identique », lui se livre à une véritable recréation. Le résultat s'avère très convaincant, notamment quand il donne à *Dans l'eau de la claire fontaine* des accents de bossa nova. En 1998, en chantant Brassens sur scène, il est stupéfait de l'impact sur le public de ces chansons dont certaines sont parfois vieilles d'un demi-siècle. Il dira d'ailleurs à ce sujet : « Brassens fait partie de nous. Plus le temps passe, plus c'est profond, moins nous nous en apercevons ». Il va dès lors parcourir la France avec un grand cahier renfermant toutes les chansons de Brassens numérotées. Il composera ainsi ses spectacles en demandant aux spectateurs de choisir pour chaque chanson un numéro au hasard. Parallèlement à ses activités d'archiviste de l'œuvre de Brassens, Maxime Le Forestier continue à enregistrer ses propres chansons, comme l'album *Restons amants* en 2008.

―――――

LEMAÎTRE JULES
« Avant de redescendre à Sète je relisais *Les Contemporains* de Jules Lemaître. Cette lecture fait fonctionner ma vieille cervelle. D'aucuns feraient mieux de se pencher sur cette œuvre admirable, au lieu de sacrifier frénétiquement à Vénus, comme qui vous savez… » Cette confidence de Brassens à Eric Battista, le peintre sétois, dans les derniers mois de sa vie atteste de la dernière passion littéraire de Brassens. Lemaître (1853-1914), écrivain français du début du XXe siècle, est surtout connu pour ses travaux de critique littéraire et dramatique. C'est dans *Les Contemporains* (1899) que Lemaître fait cet éloge d'une autre trouvaille de Brassens, le poète Jean Richepin : « Il y a des écrivains qui sont des prêtres ; il y en a qui sont des filles. J'en sais qui sont des princes, et j'en sais beaucoup plus qui sont des épiciers. M. Jean Richepin est un écuyer du cirque, un beau saltimbanque… ». Brassens a dû être séduit par ce brillant auteur à la verve et au style riches. Moins peut-être par son engagement, s'il en a eu connaissance. En 1899, Lemaître fait campagne pour la reconnaissance de la culpabilité du capitaine Dreyfus. Et il a ensuite appartenu à l'Action française. Mario Poletti, qui lui a procuré l'ouvrage de Lemaître, se souvient de la réaction de Georges après sa découverte : « C'était rare qu'il passe à côté d'un écrivain. Il soupirait en disant : « Je n'ai pas

assez de vies pour tout lire, pour découvrir tous les auteurs… » Jules-Lemaître, le méconnu, a néanmoins sa rue dans le 12ᵉ arrondissement de Paris depuis 1926.

———————

LEMARQUE Francis
Nathan Korb dit Francis Lemarque (1917-2002) a laissé deux succès immortels, *À Paris* et *Marjolaine*. Il fit la connaissance de Brassens aux 3 Baudets: « J'étais très ému de découvrir qu'il connaissait par cœur quelques-unes des chansons que j'avais composées et qu'il aimait les chanter pour son plaisir ». Lemarque regretta toute sa vie que leurs timidités respectives les aient empêchés de collaborer plus intimement : « Si j'en avais eu le courage », écrit-il dans *J'ai la mémoire qui chante* (Presses de la cité, 1992), « je lui aurais demandé de m'engager en première partie de l'un de ses programmes à Bobino. Pour moi c'était important, j'en aurais été très fier, mais je n'ai jamais osé lui en parler. C'est seulement après sa mort que j'ai appris de la bouche d'André Tillieu, un de ses amis intimes, que Brassens lui aussi aurait été heureux de m'avoir en première partie d'un de ses spectacles, mais qu'il n'avait jamais osé me le demander ». Un grand rendez-vous manqué !

———————

LÉON Le vieux
« Y'a tout à l'heure/ 15 ans d'malheur/ Mon vieux Léon / Que tu es parti/ Au paradis / D'l'accordéon »… « Le vieux Léon » est l'un des personnages pittoresques de la faune parisienne des chansons de Brassens. La chanson de 1958 est elle-même une tendre évocation d'un Paris qui disparaît peu

à peu en cette fin des années cinquante. Le Paris des petits métiers, des musiciens de rue, du « bastringue et de la java »… Ca sent le 14e arrondissement à plein nez, des vieux rades de la rue de l'Ouest aux puces de la porte de Vanves. Comme souvent, le personnage de fiction de cette chanson a un fondement de réalité. Brassens l'a confimé dans une interview radiophonique en 1974 : « *Le vieux Léon*, évidemment, c'est l'histoire d'un type qui jouait de l'accordéon dans la rue de Vanves dans le 14e arrondissement et dont, nous autres, nous nous foutions un petit peu, quoi. Parce que nous n'aimions pas l'accordéon. Et puis, il est mort et alors là, on s'est aperçu qu'on aimait l'accordéon et qu'on l'aimait. C'est une déclaration d'amour *Le vieux Léon*, malheureusement qui arrive trop tard puisque celui à qui elle s'adresse ne peut l'entendre. » Brassens donnera quelques années plus tard un visage au musicien de rue de la chanson. Il deviendra ami avec le « bonhomme Duleu », l'accordéoniste, et il fera – comme souvent – une très jolie préface pour le livre de souvenirs d'Edouard Duleu, *Ma vie sur un air d'accordéon*, en 1981 : « Comme tous les costauds, il a un cœur de midinette où le Père Noël n'en finit pas de déverser des hottes de bons sentiments… Quand le soufflet de son accordéon se fermera sur l'accord final, on versera sans doute des larmes dans toutes les chaumières. Mais dans les petits bals du samedi soir, on continuera à moudre pour dame Musette.»

———

Louka Paul

Auteur, compositeur belge, de son vrai nom Vital-Paul Delporte, il est né à Marcinelle en 1936. Il se produira dans nombre de cabarets parisiens comme la Colombe, le Port du salut, l'Échelle de Jacob, la Tête de l'art, les 3 Baudets, avec un répertoire de chansons insolites et caustiques; Il sera souvent présent en première partie des spectacles de Brassens, en particulier à Bobino.

Louki Pierre

Grand connaisseur de chansons, Brassens avait souvent la dent dure avec ses collègues. Ce qui ne l'empêchait d'en apprécier d'autres au plus haut point, notamment Gainsbourg et Nougaro. Moins connu, Pierre Louki était de ceux-là. Il fut aussi son ami pendant plus de vingt ans. Louki (1920-2006) commence sa carrière comme comédien. Élève de Jean-Louis Barrault et de Roger Blin, sous la direction duquel il joue dans *En attendant Godot* de Samuel Becket, il se lance ensuite dans la chanson et se fait connaître en 1954 comme auteur de *La Môme aux boutons*, interprétée par Lucette Raillat. Il est bientôt repéré par Jacques Canetti, qui le fait enregistrer chez Philips, et lui présente Brassens. Lors de cette première rencontre, en 1960 dans une loge de Bobino, Louki découvre avec surprise que Georges connaît par cœur sa chanson *Mes copains*. Par la suite, Brassens ne manquera jamais de lui manifester affection et admiration. Il l'invitera à trois reprises à l'accompagner en tournée (notamment dans le Midi et en Suisse) et à chanter deux fois en première partie de ses spectacles de Bobino. Il rédigera également les notes de pochette de deux de ses albums. En 1963, au dos d'un 25 cm, il écrit : « Sous ses dehors d'amuseur public, il dissimule – assez mal du reste – une grande sensibilité poétique ». Il renouvellera ses éloges en 1976 à l'occasion de la sortie du 33 tours « Le Cœur à l'automne » : « En même temps qu'une amitié solide et sans fioritures, je nourris pour Pierre Louki une admiration qui ne cesse de croître au fil des ans ». L'amitié entre les deux chanteurs, si forte, aura pourtant été mise à mal par la chanson de Brassens *Les deux oncles* (1964). Fils d'un résistant communiste mort à Auschwitz, et lui-même ancien maquisard, Louki ne supporta pas ce brûlot pacifiste renvoyant dos à dos « Tommies et Teutons ». Il lui répondra par la chanson *Mes deux voisins*. Il est aussi l'auteur d'un livre de souvenirs consacré à son amitié avec Brassens (1999).

LUX Guy

Après des études aux Arts appliqués dans les années 30, Guy Lux (1919-2003) va s'essayer à la composition de paroles de chansons, mais sans grand succès. Mobilisé en 1939, fait prisonnier, il s'évade avant de rejoindre la Résistance et les troupes alliées. Après la guerre, c'est comme inventeur de jeux radiophoniques et télévisés, qu'il va se faire connaître du grand public avec « La Roue tourne », « Intervilles », « Le Schmilblick », « Le Tiercé de la chanson », « Le Palmarès des chansons »... L'ancien parolier invitera très souvent Brassens à ses émissions, en particulier à un « Palmarès des chansons » en direct de Bobino en 1967.

M

MAC KAC

Batteur et chanteur, Mac Kac fait partie des jazzfans proches de Brassens, tout comme le batteur Moustache. De son vrai nom Jean-Baptiste Reille, Mak Kac reçoit ce nom de scène parce que réputé « malin comme un singe ». Musicien gitan, né à Toulouse en 1920, il vivra à Sète avant de rejoindre Paris où il jouera au côté de Grapelli, Henri Renaud, Martial Solal, Sonny Stitt. En 1956, il est le premier français à adapter, avec humour, le rock and roll dans la langue de Voltaire. Il crée et chante des titres devenus des collectors : *J'ai j'té ma clé (dans un tonneau de goudron)*, *T'es pas tombé sur la tête*, version française du célébrissime *See you later Alligator* de Bill Haley. Lorsque Brassens et Mac Kac se retrouvaient, l'humour était au rendez-vous : Au « Alors Mak Kac, tu fais toujours de la musique ? » répondait un « Et toi Georges, toujours de la chanson ? ». Le dialogue ironique continue peut-être encore aujourd'hui : le batteur et le chanteur sont enterrés tout prêts l'un de l'autre dans le cimetière du Py, à Sète, ou Mac Kac a rejoint Brassens en 1987.

───────────

Macchabée

Pour désigner un mort, au mot « cadavre », trop connoté roman policier, Brassens préfère celui de « macchabée ». Un peu désuet, ce terme a longtemps eu les faveurs des étudiants en médecine, notamment dans les chansons de salle de garde dont l'auteur du *Gorille* était si friand. L'utilisation du terme « macchabée » pour parler d'un trépassé est mystérieuse. Fils du prêtre Mattathias (IIe siècle av. J-C), Macchabée (qui pourrait venir de l'hébreu maqabet, « marteau ») fut l'un des chefs de la révolte des Juifs contre l'hellénisation de leur territoire. Ces événements sont relatés dans les quatre *Livres des Macchabées*, inclus entièrement ou en partie dans la Bible par les chrétiens, mais absents de la Bible hébraïque. Macchabée étant un héros, on comprend mal comment, en tant que nom commun, le mot a fini par signifier « cadavre ». Peut-être doit-on ce glissement de sens à la proximité phonétique avec macabre, un synonyme de funèbre. Sans rapport étymologique attesté avec macchabée, macabre viendrait de Macabré, nom d'un peintre (poète ?) légendaire du Moyen-Âge ayant travaillé à des tableaux qui représentaient la danse des morts.

───────────

Maguelon Pierre

C'est une histoire de métier

et d'amitié. Dans les années cinquante, Pierre Maguelon est comédien et raconte des histoires, des petits contes « poético-farfelus » dans les cabarets parisiens. De plus, Maguelon, – son vrai nom est Maurice Couzinié – est natif de Villeneuve-les-Maguelonne, dans l'Hérault, à une trentaine de kilomètres de Sète, patrie de Brassens. D'où son premier nom de scène. Son autre pseudo est « Petit-Bobo ». C'est avec ce surnom qu'il rencontre Brassens aux 3 Baudets pour le remercier d'avoir écrit un petit texte sur son nouveau 45 tours. Brassens y répète son prochain spectacle. Il le fait monter sur scène, et lui propose dans la foulée de le prendre en première partie de ce même spectacle… Maguelon fera ensuite partie des artistes figurant au côté de Georges Brassens pour son passage à l'Olympia en 1960, puis dans les tournées suivantes. Des moments où Brassens donnait libre cours à son goût pour l'humour, noir de préférence. Maguelon en garde un souvenir hilare : « Un soir, on va chercher Georges dans sa chambre pour l'emmener dîner. On frappe… Pas de réponse. Je pousse la porte et là, je pousse un hurlement : Brassens est là, allongé sur son lit, inerte, les mains jointes, avec quatre bougies allumées autour ! » (*Brassens*, André Sallée, Solar 1991).

Maguelon sera par la suite un membre solide de la bande des copains de Brassens, un habitué dans les années 60 de la propriété de Crespières dans les Yvelines, pour aider le chanteur à détourner le cours d'un ruisseau proche du corps de maison, à coup de pioches et de pelles. Brassens prétendait que le bruit de l'eau l'empêchait de dormir ! Maguelon le comédien participera à la série *Les Brigades du Tigre*. Il est mort en Juillet 2010. Pour « Petit Bobo », « Brassens, c'était l'arbre. Pin parasol de préférence. L'arbre est tombé… mais notre terre garde enfouie, profonde, l'empreinte intacte de ses fortes racines.» *(Signes* n°15*)*

———————

Martin Jeanne

Autre Martin de l'univers de Georges Brassens, cette fois, une Jeanne Martin, dont il se souvient « Moi, la première à qui / Mon cœur fut tout acquis / S'app'lait Jeanne Martin, / Patronyme qui fait/ Pas tellement d'effet / Dans le Bottin mondain./ ». Chose amusante, si le patronyme Martin est des plus commun, celui de Bottin, prêtre, puis secrétaire général de préfecture obtint sa notoriété, non pas par son Almanach du commerce de Paris mais par ce qu'en firent les Didot, en publiant, dans l'entreprise Didot-Bottin, le fameux Bottin mondain. Une curiosité, la rue Sébastien-Bottin partage une partie de son ancien parcours avec la toute nouvelle rue Gaston Gallimard.

———————

Martin (Pauvre)

En tant que nom de famille, Martin serait le patronyme le plus porté en France. C'est aussi un prénom assez populaire. Brassens lui accole l'adjectif qualificatif pauvre, le mot exprimant dans sa bouche à la fois l'état de misère de son héros et la commisération qu'il éprouve à son égard. Le « pauvre Martin » est un homme doux, discret et soumis. Des traits de caractère qui cadrent assez mal avec l'étymologie de son nom, puisque Martin, au même titre que Martial, vient du latin *Martinus*, en référence à Mars, le dieu de la guerre.

Historiquement, il semble que le succès du nom tienne moins à ses origines guerrières qu'au souvenir du pieux saint Martin de Tours (mort en 397), connu pour avoir donné la moitié de son manteau à un indigent. C'est sans doute aussi pour cette raison que le prénom Martin est peu à peu devenu symbole de charité. La version du *Pauvre Martin* écrite à Basdorf en 1943 comportait 11 strophes de six vers, alors que le texte de la chanson enregistrée 10 ans plus tard ne comporte que cinq quatrains avec le refrain « Pauvre Martin, pauvre misère/ Creuse la terre, creuse le temps.» qui donne au poème une force incomparable et qui devient à la fin «Dors sous la terr', dors sous le temps». René Fallet considérait *Pauvre Martin* comme «la seule chanson révolutionnaire de l'aprè-guerre».

Mathieu Yves

Directeur du *Lapin Agile*, le plus ancien cabaret de Paris, qui appartint notamment à Aristide Bruant, Yves Mathieu assista aux tout débuts de Brassens devant un public. Cela se passait à l'automne 1951. Une nuit de septembre, sur les coups d'une heure du matin, à l'initiative de son ami Jacques Grello, le Sétois y interpréta quatre chansons : *Le petit cheval, Les Amoureux des bancs publics, Le Gorille* et *Brave Margot*. Pétrifié par le trac, incapable d'articuler, il reçut de la part de la douzaine de personnes qui se trouvaient là, un accueil poli. Encouragé par Paulo, le patron de l'époque, il renouvela l'expérience le mois suivant, se produisant dans le cabaret montmartrois une quinzaine de fois, jamais avant minuit, entre la mi-octobre et fin novembre 1951. Pour se rendre rue des Saules, où se trouvait le

Lapin Agile, il devait traverser tout Paris, le plus souvent à pied ou en vélomoteur, par un froid de canard. Découragé et frigorifié, il ne revint plus. L'année suivante, il prenait son envol depuis chez Patachou, à quelques centaines de mètres plus haut. C'est aussi au *Lapin agile,* en 1955, qu'un autre provincial, le Toulousain Nougaro, fit ses débuts à Paris.

───────────

MATHUSALEM (Cf. Hérode)

───────────

MÉLUSINE

La fée Mélusine apparaît au détour d'un couplet de *La Non-Demande en mariage.* Déclaration d'amour à Püppchen, cette chanson définit ce que doit être une relation de couple. « On leur ôte bien des attraits, / En dévoilant trop les secrets / De Mélusine », constate Brassens. Le secret de Mélusine fait référence à un livre écrit en 1392 par Jean d'Arras. Mélusine y demande à son époux Raymondin de ne pas chercher à la voir le samedi. Le mari promet de ne pas le faire jusqu'au jour où, son frère lui suggérant que cette requête cache un adultère, il passe outre et perce un trou dans la porte de la femme pour l'observer. Il découvre alors que la moitié inférieure de son corps s'est transformée en queue de serpent. Et, se sentant alors coupable d'avoir trahi le secret de Mélusine, il est alors envahi par un immense chagrin. Reprenant à son compte cette parabole, Brassens sous-entend qu'un homme et une femme, quelle que soit la force de leur amour, doivent chacun garder un jardin secret auquel l'autre n'a pas accès. Très présent dans les contes populaires du Moyen-Âge, le mythe de Mélusine remonterait à l'Antiquité, ce dont témoigne La Mélugina des Ligures et la Milouziena des Scythes.

Mercanti

« Mercanti » (pluriel du mot italien *mercante*, marchand) est employé par Brassens, quoique plus rarement, dans le même contexte que « croquant ». Celui où un homme très riche, plutôt âgé, cherche à se payer les charmes d'une jeune fille belle et pauvre. Mais il est encore plus péjoratif. Ce n'est pas pour rien que, dans *Comme une sœur*, le chanteur l'accouple au mot « maroufle » (vaurien). À l'origine, un « mercanti » est un simple marchand d'Orient ou d'Afrique. Il va devenir nettement plus dépréciatif quand il désignera un commerçant, proche du trafiquant, qui fait fortune sur le dos d'une armée en campagne. Enfin, il prend le sens d'un homme d'affaire âpre au gain et malhonnête. Il a pour synonyme « margoulin ».

Mercure

Équivalent romain d'Hermès, Mercure est un dieu « multicartes », celui des commerçants (son nom vient du latin *merx*, marchandise), des voyageurs, et accessoirement des voleurs. Selon la tradition, il aurait d'ailleurs, encore enfant, dérobé à son grand frère Apollon la moitié de son troupeau, son épée et son carquois. C'est bien sûr à cette dernière acception que Brassens se réfère quand il souhaite à son cambrioleur que Mercure le « préserve de la prison ». Mercure est souvent représenté coiffé d'un chapeau ailé, portant un caducée, bâton à 2 serpents entrelacés, et accompagné d'un coq ou d'un bélier.

Merle Alain

Depuis 1961, ce Nîmois archive, collectionne tout ce qui se rapporte à Brassens : disques rares, affiches, peintures, photos, partitions, programmes, manuscrits. Véritable encyclopédie vivante, détenteur d'une documentation unique en son genre, il a organisé depuis la mort de Brassens de nombreuses expositions sur le chanteur. Il a pour projet de créer un musée Brassens.

Miramont Émile

Émile Miramont a une particularité dans la bande des copains Sétois de Georges Brassens : il a eu deux surnoms : « Le Tube » et « Corne d'Aurochs ». Avec ou sans ces deux noms de scène, Emile Miramont va vivre quelques aventures pittoresques au côté de Georges Brassens. Miramont rencontre Brassens sur les bancs du collège de Sète. Il y rejoint les amis collégiens du chanteur, Delpont, Laville, Colpi. Juste avant la guerre, les compères, tous férus de chanson et de musique, vont monter petit orchestre avec au banjo, Jo (Georges) Brassens, au chant Henri Delpont, à la trompette Émile Miramont. C'est la forme de cet instrument qui inspire Brassens pour le premier surnom, « Le Tube ». La guerre arrive, les jeunes gens se dispersent à travers la France. Brassens part au STO à Basdorf, en Allemagne et Miramont se cache chez des paysans pour échapper au « bureau d'embauche allemand ». Après la guerre, en juin 45, Émile Miramont écrit le manifeste du PP le Parti préhistorique, un mouvement qui a pour but le retour au primitivisme et à l'âge des cavernes ! Brassens se pique au jeu et en rajoute : il se surnomme «Œil de Mammouth » et Émile « Cornes de roc ». Miramont lui suggère plutôt « Corne d'Aurochs » qui sera finalement retenu.

La chanson du même nom immortalisera l'ami de Brassens en 1952. Brassens y chambre son vieux camarade pour s'être marié, avoir trouvé un travail et avoir adopté un « chemin qui mène à Rome »… Miramont, qui après une existence un peu mouvementée, finit comme cadre chez… l'Oréal, en garde une certaine amertume :« Vous savez, Georges était mon ami mais j'étais un peu son souffre-douleur, aussi bien au collège que plus tard, impasse Florimont. » (*Brassens Passionnément,* Georges Boulard*).* Miramont restera toute sa vie – il est mort en 2004 – dans le cercle rapproché du chanteur. Au point que c'est à lui que Georges s'était confié lors de sa rencontre avec Joha Heiman, Püppchen, celle qui deviendra la compagne de sa vie.

───────────

Mireille

Durant l'hiver 1977-1978, pour son retour à la scène célébrant ses cinquante ans de carrière, Mireille va assurer, à Bobino, la première partie de Georges Brassens. En 1980 Georges enregistre *Le petit Chemin, Quand un vicomte, Le vieux château* et *Puisque vous partez en voyage,* des titres de Mireille qui seront publiés sur « Georges Brassens chante les chansons de sa jeunesse ».

Mireille Hartuch (1906-1996) est connue sous son seul prénom. Gamine, elle rêve de devenir concertiste mais ses mains sont trop petites pour le clavier. Elle compose de vagues ritournelles et rencontre Jean Nohain, un avocat qui griffonne des textes de chansons. *Fouchtra*, leur première opérette écrite en commun, est partout refusée pour cause de durée : six heures ! Convaincue que sa carrière est vouée à l'échec si elle reste à Paris, Mireille traverse la Manche pour éviter, un jour, de la faire, la manche. À Londres, on sait apprécier ses talents. Elle se voit proposer un rôle dans une revue en partance pour Broadway. Durant les trois années passées aux États-Unis, *Fouchtra* s'est imposé grâce à sa chanson *Couchés dans le foin*. Sa petite voix acidulée fait mouche : *Papa n'a pas voulu, Le Vieux Château* et l'inévitable *Petit chemin* (*qui sent la noisette*). Ses musiques lui valent des droits d'auteur monumentaux : *Quand un vicomte* est popularisé par Maurice Chevalier, *Une demoiselle sur une balançoire* et *La Carrosse* par Yves Montand, *Puisque vous partez en voyage* par Jean Sablon et, plus récemment, par Jacques Dutronc et Françoise Hardy. Elle quitte la scène en 1947 et ouvre en 1955 le Petit conservatoire de la chanson.

―――――

MONTAND YVES

On peut s'étonner, devant la partition originale de 1952 (le « petit format », comme on disait à l'époque) de *La mauvaise réputation*, d'y voir figurer une grande photo d'Yves Montand et une petite de Brassens ! Contrairement aux apparences Montand n'a jamais chanté Brassens, ce qu'aurait bien voulu l'éditeur qui avait fait imprimer la photo sur le petit format. Cela s'explique, car à l'époque Montand était déjà une vedette consacrée tandis que Georges ne faisait que débuter.
Ivo Livi, dit Yves Montand (1921-1991), est un Marseillais d'origine italienne. Lorsque Piaf le découvre, cela fait plusieurs

années qu'il chante. Il se produit alors sur scène dans le plus pur style cow-boy. Un genre qui plaît au public, lui explique Edith, car, en France, on attend les Américains avec impatience... mais qui devrait se démoder très vite après la Libération.

Certes Montand n'a pas chanté Brassens, mais il l'admirait. Ainsi, au lendemain de sa mort, avant d'entrer en scène, il aurait prononcé cette phrase : «Brassens nous a fait une blague ; il est parti en vacances. Certains disent qu'il est mort... comme si Brassens, Prévert ou Brel pouvaient mourir !»

―――――――

Morelli Monique

Chanteuse-interprète, née à Béthune (1923-1993), Monique Morelli, de son vrai nom Monique Dubois, continuait une tradition française de chanson réaliste comme l'illustre son hommage à Fréhel. Chantant Bruant, Carco, Mac Orlan, Ferré, les poètes Villon, Corbière, Aragon, elle se produisit souvent en première partie des spectacles de Georges Brassens. Elle dirigea le cabaret Chez Ubu à Montmartre et Au temps perdu à Saint-Germain-des-Prés.

―――――――

Moustache

Le batteur de jazz est un pilier des nuits de Saint-Germain-des-Prés d'après-guerre. Au début des années 50, Brassens se produit au Vieux-Colombier, lieu favori des musiciens de jazz. Moustache est là, en compagnie de Claude Luter et Sidney Bechet. Le contact est établi entre les deux hommes aux mêmes attributs pileux : François Galépidès (le vrai nom de Moustache) apprécie la façon swing, le léger décalage de tempo de Brassens. Ça balance... Normal, le chanteur a fait une partie de son éducation musicale d'adolescent avec les 78 t. de jazz de sa sœur Simone. Plus tard, Moustache, devenu restaurateur puis responsable du Jazz Club Lionel Hampton à Paris, sera l'un des familiers de la maison de Brassens en Bretagne, à Lézardrieux. Il y débarque parfois à l'improviste pour « faire le bœuf » avec ses musiciens. En 1979, Moustache convaincra Brassens d'enregistrer un double album de ses chansons en version jazz. Il rassemble autour du projet quelques bons musiciens issus de l'orchestre de Count Basie, Pierre Nicolas, Joel Favreau… et Brassens lui-même, simplement à la guitare d'accompagnement : « Enfin je vais pouvoir regarder le manche de ma guitare ! » déclare-t-il ravi. « Brassens-Moustache jouent Brassens en jazz » a reçu le Grand prix de l'académie du disque français. Disparu en 1987, il a été aussi comédien pour des seconds rôles savoureux comme dans *Irma La Douce* de Billy Wilder en 1963.

Mouloudji

Si l'interprète du *Déserteur* était aussi réfractaire que Brassens au STO, lui il parvint à y échapper : à la visite médicale, il envoie son frère à sa place, car ce celui-ci, souffrant de tuberculose, ne pouvait qu'être réformé. Marcel vit alors dans la semi-clandestinité, subsistant grâce à de nombreux emplois sans lendemain : bûcheron, dessinateur de boîtes de pâtes de fruits, modèle pour sculpteur, figurant, doublure, manutentionnaire, veilleur de nuit etc. Grande vedette au milieu des années 50, on raconte qu'au cours d'un gala il se serait fait voler la vedette par Brassens et en aurait gardé rancœur durant des années.
Marcel Mouloudji (1922-1994),

né et mort à Paris, était kabyle par son père, breton par sa mère. Gamin, il fut tour à tour vendeur d'illustrés d'occasion, de fruits abîmés et de mouron pour les oiseaux. Il commença à chanter dès le début des années 30. À 13 ans, il attira l'attention d'un metteur en scène qui le présenta à l'acteur Jean-Louis Barrault. Marcel Carné lui donna sa chance au cinéma à partir de 1936. À la Libération il revient au cinéma puis, en 1951, se tourne vers la chanson. S'accompagnant à l'orgue de barbarie, il interprète *La Complainte des infidèles*. Canetti lui fait enregistrer *Comme un p'tit coquelicot*, plus grand succès de toute sa carrière avec *Un jour tu verras*.

_____

Moustaki Georges
Né en Egypte en 1934, Giuseppe Mustacchi s'installe à Paris en 1951 et se lie d'amitié avec le guitariste Henri Crolla, qui le présente à Edith Piaf. En 1958, il écrit pour elle les paroles du plus gros succès de la dernière étape de sa carrière, *Milord*. Après quelques disques sous le pseudonyme d'Eddie Salem, il devint « Georges » au milieu des années 50, par admiration pour Brassens à qui il pensait lorsqu'il écrit *Les Amis de Georges...* Un Georges pas toujours tendre : « Un truc comme *Milord*, c'est irréparable ! Mais allez dire à l'auteur de *Milord* ou de trucs encore plus merdeux, qu'il faut mettre tel mot plutôt que tel autre, et il vous foutra dehors ». En souvenir de sa liaison avec Piaf, Georges Moustaki écrit *Sarah* (c'était le prénom de sa mère), une émouvante chanson qu'il confie en 1967 à Serge Reggiani : « La femme qui est dans mon lit, / N'a plus vingt ans depuis longtemps... ».

C'est d'ailleurs à l'intention de Piaf qu'il avait écrit *Le Métèque*. Ce n'est véritablement qu'en 1969 qu'il devient vedette à part entière, en ressortant de ses tiroirs cette chanson, justement, qu'il n'avait pu caser à Edith, mais à Pia Colombo.

———————

DE MUSSET Alfred

Ce sont deux des figures du petit monde des chansons de Brassens : Margot et Mimi Pinson. La *Brave Margot* de la chanson, la Mimi qu'on peut retrouver au détour de *Honte à qui peut chanter* ou *Supplique pour être enterré à la plage de Sète* sont issues de ses lectures quotidiennes à la bibliothèque du 14e arrondissement de Paris. C'est au sortir de la guerre, dans ce lieu aujourd'hui la Bibliothèque Georges Brassens, qu'il découvre ou relit Villon, Apollinaire, Verlaine, Paul Fort,

Hugo. Et Musset. « À ce moment-là, je me suis aperçu que je ne savais pas du tout écrire, que j'étais d'une ignorance encyclopédique. Alors je me suis abîmé dans la lecture. Je me suis enfoncé dans la lecture. » Margot se cache dans un vers d'Alfred de Musset, « Après une lecture ». Mimi, elle, se déniche au détour du titre d'une chanson tirée du recueil *Poésies nouvelles»* du poète, où Mimi Pinson est une jeune couturière républicaine. Brassens mettra en musique deux poèmes de Musset, *À mon frère revenant d'Italie* et *Ballade à la lune*, deux titres se trouvant sur un Cd publié en 1984, « Brassens chante Bruant, Colpi, Musset, Nadaud, Norge ». On pourrait y ajouter Brassens. C'est son ami Louis Nucera qui exprime le mieux cette filiation : «Brassens est un classique. Il sera un genre éternel tant que durera la langue française».

N

NADAUD GUSTAVE

Même s'il mit en musique les plus grands poètes – Villon, Corneille, Hugo, Lamartine – Brassens avait aussi le don d'exhumer des auteurs mineurs, oubliés ou méconnus. Ainsi, chanta-t-il (pour une émission de radio) deux textes loufoques de Gustave Nadaud (1820-1893) : *Carcassonne* (sur la même musique que *Le nombril des femmes d'agent* et *Le roi boiteux*.

Chansonnier et « goguettier », Nadaud connut son heure de gloire sous le Second Empire grâce à ses morceaux satiriques. Admirateur d'Eugène Pottier, il fit éditer à ses frais, en 1884, une cinquantaine de chansons de l'auteur de *L'Internationale*.

———

NEMO

« Je vais vous faire un aveu : j'aime toutes mes musiques ! »

Quand il prononce cette phrase, peu modeste pour un homme apparemment réservé, Brassens a en face de lui un brillant universitaire de trente ans, Philippe Nemo. La scène se passe en 1979, Brassens a accepté d'être interviewé chez lui rue Santos Dumont dans le 15e à Paris. Philippe Nemo, outre ses travaux sur la philosophie politique et sociale, est producteur à France Culture. C'est dans ce cadre qu'il va avoir l'entretien le plus riche et le plus ouvert que Brassens ait jamais accordé. Brassens s'y livre sans réserves, laissant sa pensée s'exprimer par de longs monologues relancés intelligemment par de courtes interventions de Philippe Nemo. Jacques Canetti, l'homme qui a suivi Brassens à ses débuts aux 3 Baudets, a publié l'enregistrement de cette rencontre peu banale : *Georges Brassens, Entretien avec Philippe Nemo*. C'est au cours de ce même entretien, raconte Mario Poletti dans son livre *Brassens me disait* paru chez Flammarion, que le voisin de Brassens se mit à planter un clou dans le mur… et Brassens fit alors remarquer au philosophe qui l'interrogeait que le bricoleur d'à-côté avait sans doute plus d'importance que l'interview elle-même…

NEPTUNE

Dans la mythologie romaine, Neptune est le dieu des mers. Il n'est autre que le Poséidon des Grecs. Dans ces civilisations, toutes deux maritimes, il était l'une des divinités les plus honorées. On comptait sur lui pour calmer les tempêtes, particulièrement violentes en Méditerranée. Bien que protecteur, Neptune fait peur. C'est un personnage impressionnant, tumultueux, presque colérique, représenté nu, avec une longue barbe, brandissant un trident, debout sur les flots, quand ce n'est pas sur un grand char tiré par des dauphins. Cette impétuosité n'échappe pas à Brassens, quand, évoquant la plage de Sète, où la mer n'est guère agitée, il précise, par antithèse, que « Neptune ne (s'y) prend jamais trop au sérieux ».

Nestor

Héros de la guerre de Troie, vieillard symbole de sagesse, Nestor est le personnage le plus âgé du *L'Iliade* d'Homère. Pas étonnant de ce fait que Brassens l'associe à Hérode dans la chanson *Comme une sœur*. Nestor vient du grec *Nostos* (retour), qui a donné aussi le mot *nostalgie*.

Nicodème

« C'est un vrai Nicodème, / Un balourd, un bélître, / un bel âne bâté.» dit Brassens dans *Ceux qui ne pensent pas comme nous, 1982*. Nicodème est un personnage de l'*Évangile selon saint Jean*. Dans un entretien avec le Christ, Nicodème peine à comprendre la parole du prophète ; il est donc perçu comme un homme niais, simple, borné… Un con, dit Brassens dès la strophe suivante : « Si la forme a changé le fond reste identique / Ceux qui ne pensent pas comme nous sont des cons. » Cette référence biblique peut surprendre de la part du « mécréant » le plus célèbre de la chanson française. C'est un des aspects de l'ambigüité du poète, que souligne Bertrand Dicale, dans son livre *Brassens ?*, paru chez Flammarion en 2011. « On trouve dans son œuvre des indices élevés de catholicité.[...]

Brassens échappe aux catégories sans être athée. C'est plus compliqué. C'est un personnage plus ambigu, à une époque où on ne supporte pas l'ambiguïté. Il est marqué par la morale chrétienne ; il a lu la Bible. »

NICOLAS PIERRE

Monsieur Boum Boum... La chanson humoristique d'Henri Salvador aurait pu servir de surnom à Pierre Nicolas, le contrebassiste attitré de Georges Brassens. Pierre va rencontrer Georges en 1952, à ses débuts chez Patachou, où Nicolas est bassiste pour l'orchestre de Léo Clarens. Quand Brassens vient passer sa première audition pour la chanteuse-cabaretière, Nicolas improvise spontanément une ligne de basse derrière sa guitare. Cela plaît à Georges, qui lui demandera par la suite s'il accepte de venir « faire quelques boum-boum derrière lui ». Une collaboration épisodique commence. Un soir de galère montmartroise, la mobylette de Brassens rend l'âme. Nicolas, bon camarade, lui propose de le ramener chez lui. C'est l'époque où Brassens squatte chez Jeanne et Marcel Planche, impasse Florimont. Arrivé sur place, surprise : Pierre Nicolas révèle à Brassens qu'il est précisément né dans cette minuscule impasse, au numéro 6 : ce sera le début d'une complicité de plusieurs décennies.
À partir du premier passage à l'Olympia de Paris, en 1954, Nicolas ne quittera plus Brassens. Il devient le compagnon de scène efficace et discret. Il soutient et encourage Brassens pendant le spectacle, il rit de ses bons mots ou commentaires en aparté. Et surtout, Brassens ayant du mal à mémoriser l'ordre de ses chansons, il le renseigne

pendant les pauses sur la suite du tour de chant. Comme tous, Nicolas a droit à son surnom. C'est « Pierrot la famine » : porté sur la bonne chère, il ne supporte pas d'attendre entre les plats dans un restaurant. Quand il travaille les nouvelles chansons avec Brassens, la méthode est immuable : « On se voit avant avec Nicolas, et on cherche huit jours avant l'enregistrement ». Brassens lui explique ce qu'il veut, tel contre-chant, telle note. Et si Nicolas ou Joel Favreau, le guitariste des dix dernières années, lui font remarquer, de temps à autre, que ses accords ne respectent pas les règles harmoniques, il répond alors d'un caustique « les musiciens sont des cons ! » Après la mort de Brassens, Nicolas continuera d'accompagner les interprètes des chansons de Georges. Juste avant de mourir, en 1990, il préparait un récit de ses souvenirs, *Brassens vu de dos*.

NIMBUS

Bien que féru de technologie, (son intérêt pour les magnétophones et les appareils photo est attesté) Brassens n'hésite pas, dans *Le grand Pan*, à régler son compte à la science : « La bande au professeur Nimbus est arrivée / Qui s'est mise à frapper les cieux d'alignement, / Chasser les Dieux du Firmament / ».

Un brin passéiste, il lui reproche d'avoir mis fin à la poésie et à l'émerveillement distillées jadis par la mythologie. Pour personnifier cette science prosaïque et terre-à-terre, il choisit « Le professeur Nimbus » et sa bande. Avec sur le crâne un unique cheveu, en forme de point d'interrogation, le petit homme s'est imposé comme le symbole du scientifique farfelu et distrait. Une sorte de professeur

Tournesol avant l'heure. Comme lui, Nimbus est un héros de bande dessinée, ou plutôt de *comic strip*, genre sans parole en forme de gag, par ailleurs très court. La brièveté du format – seulement quatre images dans le cas de Nimbus – permet de très nombreuses variations. Ainsi, en près de soixante ans d'existence, le professeur Nimbus connaîtra-t-il plus de 13 000 aventures. Le personnage apparaît pour la première fois en 1934 dans le quotidien *Le Journal* sous le crayon d'André Daix. Sous l'occupation, ce dernier continue à dessiner son savant dans les pages du journal collaborationniste *Le Matin*, ce qui l'oblige à quitter la France à la Libération. Figure très populaire, Nimbus ne disparaît pas pour autant. En l'absence de Daix, différents dessinateurs assureront sa survie : d'abord Léon de Enden, dans les années 50 et 60, puis Darthel, Lefort et enfin Pierre Le Goff jusqu'en 1991 (dans *La Voix du Nord*), date à laquelle le professeur Nimbus tire sa révérence.

Norge

Le poète belge Georges Mogin (1898-1990), de son nom de plume Norge apparaît en contrebande dans la discographie de Brassens. C'est au cours d'une émission de radio sur Europe N°1 que ce dernier interprète *Jehan l'advenu*, un poème de Norge mis en musique par Jacques Yvart. La chanson se retrouvera ensuite en 1983 dans l'album « Brassens chante Bruant, Colpi, Musset, Nadaud, Norge » regroupant des chansons absentes jusque là de la discographie officielle du chanteur. Norge est un poète atypique, en apparence léger, ce qui ne l'empêche pas d'avoir des préoccupations métaphysiques. La comédienne Jeanne Moreau lui consacra tout un album de chansons.

———————

Nougaro Claude
En 1974, il enregistre sur l'album « Récréation » le titre *Bonhomme* de Brassens et chantera *La Cane de Jeanne* à la télévision en 1979. Dans son *Sonnet à Brassens*, il écrivait « À bras le corps Brassens à bras le corps de l'arbre / Où la vie et la mort entrelacent leur loi ».
Claude Nougaro (1929-2004), fils de chanteur lyrique, n'est pas, *a priori*, attiré par le chant. Il ne se sent pas capable de composer de musique et préfère être auteur. Il parvient à confier ses textes à Philippe Clay, Marcel Amont et Richard Anthony et aurait aimé les entendre chantés par Piaf (il la rencontrera des années plus tard) ; en son hommage, il écrira *Comme une Piaf*. Fin 1962, *Une petite fille* et *Le Cinéma* sont d'incontestables succès. *Cécile ma fille* conforte Claude dans son titre de nouveau grand talent de la chanson française. Amoureux du jazz comme l'était Brassens, sensible au rythme de cette musique et à la poésie de la langue française et en particulier de la langue du sud dont il cultivait une pointe d'accent, Nougaro admirait le poète Brassens. « C'est dur, Georges, c'est vache / D'être un poète, un pouet pouet / De posséder un peuple ajusté à sa voix / »

———————

Nucéra Louis
Louis Nucéra (1928-2000) est Niçois et c'est dans sa ville natale, à l'été 1954, qu'il rencontre pour la première fois Brassens, en concert au Théâtre de verdure. Journaliste au journal communiste local, il

est venu l'interviewer. Quand l'entretien en vient à la politique, en bon anar individualiste, le chanteur lâche une phrase que son interlocuteur prend pour de la frilosité : «La seule révolution, c'est de tenter de s'améliorer soi-même en espérant que les autres feront la même démarche». Cette divergence de vues n'empêchera pas l'amitié. Car Brassens, on le sait, avait cette qualité de pouvoir devenir ami avec quelqu'un ne partageant pas ses opinions. Admirateur inconditionnel, Nucéra estimait que la place de Brassens était à l'Académie française. En cachette, il ira même jusqu'à comploter pour l'y faire entrer. Un non-sens pour l'intéressé. À partir de 1964, les relations entre les deux hommes prendront aussi un tour professionnel lorsque Nucéra devient attaché de presse chez Philips, la maison de disques de Brassens. Dans les années 1970, le Niçois se fait écrivain et renoue avec le journalisme, ce qui lui vaut, en 1974, de réaliser pour RTL une série de vingt entretiens avec Brassens, d'une demi-heure chacun. Cycliste passionné, il meurt dans un accident de vélo, renversé par un chauffard, en août 2000 à Carros, dans l'arrière-pays niçois. Il laisse une œuvre riche de près d'une trentaine de livres (*Entre chien et chat*, *Le Ruban rouge*, *Le Roi René*, etc.). Il est aussi l'auteur de *Brassens, délit d'amitié*.

_____

O

OLIVE Charles

Même s'il passa la majeure partie de sa vie à Paris, ville qu'il aimait par-dessus tout, Brassens ne rompit jamais avec Sète. Il y venait régulièrement, fréquentait la bande de copains qui l'avaient soutenu à ses débuts et avec lesquels il aimait aller pêcher à l'étang de Thau. Parmi eux, le plus inconditionnel fut sans doute Charles Olive. Docker de métier et excellent nageur, Olive admirait tellement Brassens qu'il faisait tout pour lui ressembler, portant la même moustache, se brûlant comme lui les cheveux à la bougie au lieu d'aller chez le coiffeur, copiant ses attitudes, récitant ses répliques. Il alla même jusqu'à chanter en playback les chansons du maître sur scène en lever de rideau de Charles Aznavour, alors débutant. Il ne survécut que peu de temps à son modèle et mourut d'un cancer peu de temps après Brassens.

___

Oncle Archibald

Archibald est un prénom masculin d'origine germanique, issu de *ercan* (« naturel ») et *bald* (« audacieux »). Dans la « Radioscopie » qu'il accorde à Jacques Chancel en 1971, Brassens cite cette chanson comme sa préférée. Avec Philippe Nemo sur France Culture, huit ans plus tard, il avoue n'avoir aucune idée des circonstances dans lesquelles lui est venue l'idée de cette chanson. « Très souvent, une idée me vient comme ça, elle me tombe du ciel ! » *Oncle Archibald* traite au fond de la mort, celle d'un brave homme un peu naïf, déçu par le genre humain, à qui la « Camarde », la Mort sous l'apparence d'une putain, fait les yeux doux... Un homme qui ressemble à Brassens lui-même et à qui la Mort promet : « Si tu te couches dans mes bras / Alors la vie te semblera Plus facile / Tu y seras hors de portée / Des chiens, des loups, des homm's et des imbéciles. » *Oncle Archibald,* 1957.

___

Onténiente Pierre

On le connaît davantage sous le surnom de Gibraltar. Pierre Onténiente fut l'ami de Brassens pendant près de quarante ans et son secrétaire pendant vingt-cinq ans. Tous deux de la classe 21, ils se rencontrent en 1943 à Basdorf, près de Berlin, dans le cadre du travail obligatoire instauré par les Allemands. En dehors de ses heures de labeur à l'usine BMW, Pierre occupe les fonctions de bibliothécaire. Parmi ses lecteurs les plus assidus, un certain Georges qui n'emprunte jamais les livres par moins de cinq à la fois. Le même qui, sans lui dire, pointe à sa place à l'usine quand il arrive le matin en retard à son poste. Dès lors, les deux hommes vont apprendre à se connaître, à s'apprivoiser. Georges chante à Pierre ses premières chansons. À la Libération, c'est le retour à la vie civile. Onténiente, qui a repris son emploi aux Contributions, habite rue Pigalle. Un jour, il voit débarquer des anciens du STO, dont Brassens. À partir de ces retrouvailles joyeuses, ils ne se quitteront plus. En 1953, alors que sa carrière commence à décoller, Brassens recommande son ami à son imprésario Jean Bourbon, à la recherche de quelqu'un pour l'aider. Tout en continuant à être fonctionnaire, pour arrondir ses fins de mois, Pierre commence à s'occuper des affaires de Brassens, l'accompagnant parfois en tournée. Bientôt le chanteur s'aperçoit qu'il a besoin d'un homme de confiance, à la fois pour le protéger des inconvénients de la célébrité et le décharger des tâches administratives. En 1956, il propose à Onténiente de l'embaucher à plein temps comme secrétaire pour un salaire double de celui qu'il touche aux Impôts. Le marché est conclu sans qu'aucun contrat ne soit jamais signé. Pierre devient alors « Le roc », et par extension « Gibraltar », le rempart infranchissable à l'abri duquel le chanteur peut se consacrer à son art sans être importuné. L'ami secrétaire veille à tous les petits détails, répond au téléphone, au courrier, gère toutes les sollicitations, les demandes de galas de soutien en provenance du milieu libertaire, conduit la voiture. Il est d'une disponibilité de tous les instants, habite toujours à proximité. En 1970, quand Brassens quitte l'ancienne maison de Jeanne, impasse Florimont, Gibraltar s'y installe avec sa femme. Jusqu'à la mort du chanteur en 1981, il continuera à jouer son rôle protecteur, à être celui sans qui Brassens n'aurait pas pu pratiquer son métier. Depuis, il est devenu une sorte de « gardien du temple », au sens noble du terme. D'une discrétion qui ne s'est jamais démentie, il a cependant accepté en 2006 de se confier au journaliste Jacques Vassal pour un livre d'entretiens intitulé *Brassens, Le regard de Gibraltar*.

───────

ORESTE ET PYLADE

C'est la version antique des *Copains d'abord* :« Ne jetez pas la pierre à la femme adultère, Je suis derrière.../ Quand je dois faire honneur à certaine pécore. / Mais, son mari et moi, c'est Oreste et Pylade, / Et, pour garder l'ami, je la cajole encore. » (*À l'ombre des maris*, 1972). Oreste est fils d'Agamemnon et de Clytemnestre. Avec sa sœur Electre, il tue sa mère pour venger le meurtre d'Agamemnon. Pylade est son cousin, et ami. Il aide Oreste dans sa sinistre tâche et épouse ensuite sa sœur Electre. La fidélité dans l'amitié des deux héros est telle qu'elle deviendra proverbiale. Les couples d'amis parsèment les chansons de Brassens, preuve de l'éducation littéraire classique reçue de son mentor du collège de Sète, Alphonse Bonnafé. Castor et Pollux, Montaigne et La Boétie figurent en bonne place dans *Les Copains d'abord*. Quant à Oreste et Pylade, Brassens aurait confié à un ami : « Et ne me demande pas qui sont Oreste et Pylade. Je n'en sais rien !»

───────

P

Pan

L'œuvre de Brassens est peuplée des nombreux dieux de la mythologie grecque et romaine. Mais ceux-ci n'apparaissent généralement qu'incidemment, au détour d'un vers. Le dieu Pan est le seul à qui est consacrée une chanson toute entière, dont chaque couplet se conclut par le constat, triste aux yeux du chanteur : « Le grand Pan est mort ». La phrase fait référence à une légende rapportée par Plutarque, philosophe et moraliste grec qui vécut de 46 à 125 après J-C. Dans la mer Egée, par une nuit sans vent, un capitaine de vaisseau d'Alexandrie se voit intimer par une voix mystérieuse d'annoncer la mort de Pan, dieu protecteur des bergers. Il décide de passer outre si le vent se lève et d'obéir dans le cas contraire. Éole n'étant pas au rendez-vous, il crie à tue tête la nouvelle au peuple, ce qui entraîne plaintes et lamentations. C'est que Pan, seule divinité antique à connaître la mort, est un dieu à part, dont l'origine remonte au plus lointain passé indo-européen. Étymologiquement, son nom signifie « tout », ce qui en soi peut expliquer l'émoi provoqué par son décès. Pan symbolise la nature dans son ensemble, avec ce qu'elle suppose de cruauté, mais aussi de vitalité et de fertilité. Au mont de l'Olympe, il préfère les bois et les forêts. On le montre souvent sous les traits d'un satyre à cornes et à corps de bouc harcelant de sa concupiscence les nymphes qu'il rencontre. Un satyre dont Victor Hugo fera le portrait dans l'un des poèmes de *La Légende des siècles*. Dieu très sexuel, Pan peut aussi se mettre dans de violentes colères qui terrorisent les gens, d'où le mot « panique ». Cette représentation physique, repoussante et libidineuse, sera par la suite reprise par le christianisme, mais pour l'appliquer à la personne du diable. En fait, Pan est le dieu païen par excellence, adoré par Nietzsche, comme il se doit, et par Brassens, pour des raisons sans doute plus poétiques que philosophiques.

PANURGE

Dès *La mauvaise réputation*, en 1952, Brassens fustige l'instinct grégaire et le conformisme. En 1964, il remet ça dans *Le mouton de Panurge*, avec cette fois une cible précise : les jeunes filles qui offrent leurs charmes, non par désir, mais parce que c'est la mode. Compagnon de Pantagruel, Panurge est un personnage inventé par Rabelais dans le *Quart livre*. En voyage au « pays des lanternes », il se querelle avec un marchand de moutons du nom de Dindenault. Par vengeance, il lui achète un mouton qu'il jette à la mer. Par mimétisme, le reste du troupeau suit et se noie. Ainsi que le marchand.

―――――――――

Parque

Il semble que pour Brassens la mort soit moins effrayante quand elle s'inscrit dans la mythologie. Les parques, mentionnées dans une seule chanson (*Le pêcheur*), sont des déesses grecques, au nombre de trois, qui tiennent entre leurs mains le fil des destinées humaines. Ce sont des tisserandes. Clotho, celle qui file, tient une quenouille descendant du ciel. Lachesis dévide le fil sur le fuseau. Enfin Athropos, « l'inflexible », coupe le fil de la vie, précipitant les hommes dans la mort.

―――――――――

Patachou

« C'est notre histoire et elle ne regarde personne. Ni lui ni moi n'avions envie d'en parler. » (*Le Mécréant de Dieu*, Jean-Claude Lamy Albin Michel). Lui c'est Brassens, elle c'est Patachou. Cette confidence pudique de « La Patach' », surnom que lui donnait Brassens, donne la mesure du lien très fort qui a uni les deux artistes. Le chanteur l'a reconnu et répété à de nombreuses occasions : « À ce moment-là j'avais 35 ans et j'étais un peu désespéré, je pensais que cela ne marcherait jamais. Je dois tout à Patachou, je ne cesserai jamais de le dire. » En ce début de 1952, Brassens rame depuis quelques années, et le réseau des copains s'échine à trouver des débouchés pour son talent. Victor Laville, alors maquettiste à *Paris Match,* tombe sur un article sur le cabaret parisien à la mode que dirige la populaire jeune chanteuse. Laville sollicite un copain qui s'occupe de la chronique mondaine de l'hebdomadaire pour qu'il fasse la jonction. Patachou accepte alors de rencontrer Brassens lors de son spectacle dans son cabaret de Montmartre et le soir dit, Georges arrive avec sa guitare sous le bras. En fin de soirée, Patachou annonce à son public qu'un inconnu va venir chanter ses propres chansons... Brassens, qui n'en mène pas large, attaque *La mauvaise réputation,* et Patachou tombe sous le charme : « Ce type est extraordinaire ! » Ainsi débute une longue relation entre Patachou et Brassens. La jeune chanteuse va inclure à son répertoire plusieurs chansons de « l'inconnu ». Elle l'engage dans la foulée pour la suivre dans la tournée qu'elle va faire en Belgique. Chaque soir, pour soutenir les débuts angoissés du poète, elle s'assoit systématiquement devant lui, au premier rang. Il y a eu un sentiment fort entre les deux, Brassens l'écrit la même année: « Elle ne chante pas deux fois sur la même branche. Vous serez conquis par cette bouche qui sourit et qui boude en même temps, ses cheveux d'épi de blé, ses mains qui décrochent des étoiles.. » (*Le Festival des Étoiles*) Presque cinquante ans plus tard, en 2006, « Lady Patachou » témoigne de toute la tendresse avec laquelle elle regardait Georges Brassens : « Il s'arrêtait sur le bord de la route près des cimetières pour m'offrir des fleurs qu'il allait chiper sur les tombes... Il était totalement imprévisible et se foutait de tout et surtout de ce que pouvaient penser les gens. » (*Brassens, Œuvres Complètes*, Le Cherche midi, 2007)

———————

Pégase

Brassens affirmait n'avoir chaque année que cinq ou six bonnes idées de chanson, qu'il notait consciencieusement sur un cahier. En matière de création, il disait davantage croire au travail qu'à l'inspiration. Le problème cependant ne le laissait pas indifférent comme en témoigne, dans *Le Blason*, cette allusion à Pégase, cheval ailé de la mythologie grecque. Pégase est le protecteur des poètes, un rôle qu'il n'avait pas à l'origine, mais qu'on a fini par lui attribuer au fil du temps. Au XIXe siècle, il est devenu le symbole de l'imagination créatrice et de l'inspiration poétique, d'où l'expression « enfourcher Pégase », dans le sens d'être inspiré. Pégase est un animal fulgurant, qui surgit sans crier gare, comme les intuitions du poète. C'est lui aussi qui, d'un coup de sabot, a fait jaillir la source Hippocrène sur le mont Hélicon, lieu d'élection des neuf muses, autres inspiratrices. Une source à laquelle vont dès lors venir s'abreuver les artistes.

Pénélope

Dans *Pénélope*, Brassens se livre à une relecture savoureuse de l'histoire de la femme d'Ulysse, racontée par Homère dans l'*Odyssée*. Pénélope, dont le nom en grec signifie « canard sauvage », est l'incarnation de la fidélité conjugale. Pendant les vingt ans de l'absence de son mari, parti faire la guerre, l'épouse, restée à Ithaque, se voit sollicitée par cent huit prétendants. Pour échapper à leurs appels pressants, elle leur dit qu'elle doit avant de se remarier achever une tapisserie, en fait toujours recommencée car elle défait chaque nuit son ouvrage de la journée. Toujours par fidélité, elle s'emploie à déjouer les ruses de ses courtisans et quand Ulysse, méconnaissable, est enfin de retour, elle lui fait décrire le lit conjugal pour s'assurer que c'est bien lui. Dans sa version, Brassens imagine « la face cachée de la lune de miel ». Tout en se livrant à ses travaux d'aiguille, sa Pénélope fait, en secret, des rêves de transports amoureux et de sensualité. Magnifique chanson sur le désir, *Pénélope* montre la lutte entre la dimension pulsionnelle (l'Éros platonicien) et la dimension morale.

―――

Pépin Denis

Sa trouvaille consista à reprendre, sur des arrangements modernisés, des chansons de Brassens. C'est d'abord *Une jolie fleur* (1974) puis surtout *Marinette* (1975) dont il se vendra, paraît-il, un million d'exemplaires, chiffre invérifiable puisqu'il n'existait pas encore de hit-parade officiel. Né en 1948, Farid Khaldi (c'est son vrai nom) fit ses premières armes en tant que batteur dans des groupes de pop music des années 60 : les Spectors puis les Boots. Les groupes ne nourrissant pas son homme, il quitte les Boots pour entamer en 1966 une carrière de chanteur en solo sous le nom de Gilbert Safrani. Le succès, hélas, continue de lui résister. C'est alors qu'il trouve ce pseudonyme astucieux de Denis Pépin qu'il va définitivement adopter. Sept années, néanmoins, s'écouleront entre ses vrais débuts et le « premier Pépin » (*Orange bleue*, 1973). Ses disques se succèderont jusqu'au début des années 80 avec, cependant, moins de réussite que pour *Marinette*. Denis Pépin est décédé en 2010.

―――

Père Duval (Le)

Aimé Duval est un père jésuite qui, pour exercer sa mission populaire, est devenu un chanteur à succès, dans les années cinquante et soixante. Brassens y fait une première allusion ironique en 1960 dans *Le Mécréant*. Le personnage de la chanson, pour tenter d'avoir la foi, se revêt d'une soutane, et avec sa guitare est pris pour le Père Duval. En réalité, l'anarchiste et le jésuite se connaissent bien et s'apprécient. La même année, devant la caméra de Robert Beauvais pour le « Magazine de la chanson » Brassens et Duval avouent être voisins ... Tous les deux admettent chanter « pour la joie et le plaisir de chanter », l'un pour exprimer son message de chrétien, l'autre « pour que les mots se rencontrent, avec parfois, en prime, ma petite philosophie. » Alors que le Père Duval s'adresse à Brassens : « tu es plus libre que moi ! » Beauvais constate : « vous avez l'air de bien vous entendre... » En 1964, Le poète sétois fera un second clin d'œil à celui qu'on surnomme alors « le Brassens en soutane » dans *Les Trompettes de la renommée* : Le ciel en soit loué, je vis en bonne entente / Avec le père Duval, la calotte chantante / Lui, le catéchumène et moi, l'énergumène / Il me laisse dire « merde », je lui laisse dire « Amen ». Aimé Duval donnera pendant sa « carrière » plus de 3 000 concerts dans 44 pays. Il s'éteint à Metz en 1984.

Perret Pierre

On l'a rapidement classé comme «Georges Brassens comique». Celui-ci l'avait d'ailleurs aidé à ses débuts dans les cabarets parisiens ; des débuts poussifs pour ce natif de Castelsarrasin où il avait vu le jour en 1934.

Chemin faisant, il sera révélé au grand public par une émission de télé en 1959. Son premier succès, sur disque Barclay, s'intitulait *Moi j'attends Adèle*. Mais la renommée ne sera toujours pas au rendez-vous. Pour une fois, Eddie Barclay n'avait pas eu le talent de reconnaître son talent. Il faudra attendre que le changement de maisons de disques pour que le succès vienne. Mais c'est surtout avec les *Jolies Colonies de vacances* (1966) qu'il a su conquérir un vaste public d'enfants (*Vaisselle cassée* et *J'irai pas chez ma tante*) et d'adultes (*Le Zizi*) avec des textes rigolos ou coquins. Le succès venu les relations avec Brassens se distendront pour devenir inexistantes.

Peynet Raymond

Le chemin de Raymond Peynet (1908-1999) croisera à plusieurs reprises celui Brassens. Le dessinateur se fait connaître dès 1942 en créant son couple d'« amoureux » devenu depuis le couple symbolisant la Saint Valentin. Les deux personnages, le poète chevelu et sa compagne, vont inspirer le jeune chanteur pour l'écriture en 1952 de la chanson *Les Amoureux des bancs publics* : « J'ai la conviction que sans les amoureux de Peynet cette chanson n'aurait jamais vu le jour. C'est à force de voir les amoureux, non sur les banc publics mais sur les bancs de Raymond Peynet que petit à petit m'est venue l'idée d'écrire cette chanson. » (*Brassens de A à Z*, Hervé Bréal, Albin Michel, 2000). En 1966, Brassens déménage de l'impasse Florimont, à Paris 14e, pour s'installer dans un immeuble moderne tout neuf, Le Méridien, toujours dans le même arrondissement de la capitale. Au treizième étage, le voisin direct de Brassens, c'est justement Peynet. Jacques Brel, lui, habite au bout du couloir... Raymond Peynet le voisin va intervenir encore à deux fois dans la vie de Brassens. D'abord, à la demande du chanteur, c'est lui qui va dessiner l'affiche pour l'association Perce Neige, présidé par un autre grand ami de Brassens, Lino Ventura. Et en 1969, quand Peynet part pour le Sud, il recommande à Brassens sa gouvernante, l'efficace Sophie Duvernoy. Brassens la prend à son service, et Sophie « la polonaise » va désormais gérer la nouvelle maison de Georges rue Santos Dumont, dans le 15ᵉ. Elle y restera jusqu'à la fin.

Pivot Bernard

Pivot et Brassens, il semblait logique que ces deux amoureux de la langue française se retrouvent sur un terrain d'entente. Pourtant, la rencontre va se faire sur un terrain... miné, lors d'un numéro d'*Apostrophes,* l'émission littéraire de Bernard Pivot sur Antenne 2, consacrée à « l'esprit militaire », le 14 mars 1975. Pour l'occasion, l'écrivain Bernard Clavel, antimilitariste convaincu, a demandé à son ami Brassens de venir l'épauler, face à une brochette de porte-paroles de la Grande muette, parmi lesquels le général Bigeard. Finalement, les armes resteront au vestiaire et un calme relatif règnera sur le plateau, pacifié par l'autorité de Pivot. Mieux, Bigeard exprimera toute son admiration pour Brassens, au point que celui-ci lui demandera avec humour : « N'aimez pas trop mes chansons, vous allez me faire perdre mon public ! » De cette rencontre, Bernard Pivot en a gardé un souvenir aigu : « Ce qui m'avait frappé, c'est sa connaissance et son amour des mots, qui étaient à l'évidence ses amis les plus intimes. Il ne m'étonne pas d'apprendre que, correcteur et rédacteur au journal *Le Libertaire*, il se soit brouillé avec ses camarades anarchistes parce que, sur la grammaire, la syntaxe, l'orthographe, il était intransigeant. » (*Brassens, Œuvres complètes*, Le Cherche midi, 2007).

———

Planche Marcel

Et si l'on réécrivait l'Histoire ? La célèbre chanson *L'Auvergnat* a fait couler beaucoup d'encre, et jusqu'à tout récemment, lorsque le site d'un hebdomadaire décréta que l'Auvergnat de la chanson se nommait en réalité Louis Cambon, bougnat propriétaire du bar des Amis que fréquenta Georges dans les années 50. Une bien séduisante hypothèse dans la mesure où celui qu'on a toujours considéré comme l'Auvergnat ne l'était pas. Tenons-nous en néanmoins à la version officielle puisque Brassens ne l'a jamais contestée : en quête d'un refuge pour échapper à la police allemande qui n'aurait certes pas manqué de le débusquer chez sa tante Antoinette, Georges prend pension, impasse Florimont, dans le 14e arrondissement, chez *La Jeanne*, épouse de Marcel Planche (1898-1965), né en Seine-et-Marne, et non pas en Auvergne. Peintre en carrosserie, Marcel est loin de rouler sur l'or mais il accueille Georges au bon moment, quand « tous les gens bien intentionnés / M'avaient fermé la porte au nez ». Il y restera 22 ans, impasse Florimont !

———

Pol Antoine

Auteur des « Passantes », Antoine Pol est né en 1888 et mort en 1971, quelques mois avant que Brassens ait chanté pour la première fois son poème en public. L'histoire commence en 1942. Le jeune Georges, alors réfugié chez sa tante Antoinette, se balade aux puces de Vanves, toutes proches, à la recherche de livres pas trop chers. Il tombe sur un recueil de vingt-neuf poèmes, édité en 1918, intitulé *Émotions poétiques*. Bien que le nom de l'auteur, Antoine Pol, lui soit inconnu, il achète le livre pour quelques sous. À la lecture, un poème retiendra son attention : « Les passantes ». Quelques années plus tard, il décide de le mettre en musique, mais la mélodie qu'il trouve ne lui plaît pas. Le projet n'est cependant pas abandonné et au début des années 70, il compose une nouvelle musique pour habiller le poème. Cette fois, ça colle. Avant de créer la chanson, il doit cependant retrouver son auteur pour lui demander son autorisation. C'est Pierre Onténiente qui s'en charge, mais en vain. Inconnu à la Sacem et à la Société des gens de lettres, Antoine Pol est introuvable. Peu de temps après, Onténiente reçoit un coup de fil du président du Cercle des centraliens bibliophiles, qui désire éditer quelques textes de Brassens en édition de luxe. L'homme lui donne son nom : Antoine Pol. À l'automne 1972, Brassens crée *Les Passantes* sur la scène de Bobino. Il invite Pol à venir l'écouter, mais apprend par sa femme que celui-ci est mort depuis peu. Les deux poètes ne se rencontreront donc jamais. À la veuve de Pol, Brassens dira : « *Les Passantes* représente pour moi tout ce que j'aurais aimé écrire. Votre mari a su traduire l'émotion de toutes les femmes qu'on n'a pas su retenir ». Antoine Pol ne fut pas un écrivain professionnel. Il fit carrière au service des Mines, devenant en 1945 président du Syndicat des importateurs de charbon en France. Peu de temps avant sa mort, il publia deux autres recueils de poésie : *Croquis* (1970) et *Cocktails* (1971).

―――――――――

POLETTI MARIO

"J'aime savoir que j'ai tel livre… si un jour j'en ai envie ou besoin » (*Les Chemins qui ne mènent pas à Rome* , Le Cherche midi, 2008). Ce besoin qu'a Brassens d'être entouré d'œuvres, Mario Poletti peut en attester : pendant un quart de siècle, il a été le fournisseur attitré de livres pour le chanteur. Mario travaille dans l'édition, et c'est par l'intermédiaire de René Fallet qu'il va croiser le chemin de Brassens en 1957. Par la suite, c'est lui qui va accompagner Brassens dans ses pérégrinations littéraires chez les libraires spécialisés de la rive gauche, à Saint Sulpice, ou près du carrefour de l'Odéon à Paris. Comme il l'a confirmé dans un entretien pour cet ouvrage, Poletti a été le témoin direct de cette passion de Brassens pour la littérature, pour la poésie. « Il n'a vécu que pour le livre, l'édition, et la musique bien sûr. Rien ne comptait plus. Quand un livre l'intéressait, il me le faisait acheter en 50 exemplaires pour le donner aux copains… qui finalement ne le lisaient pas ! » Pas de mystère aujourd'hui sur ses goûts : Victor Hugo en tête, dont il pouvait citer presque tout par cœur. En littérature étrangère, Poletti distingue Hemingway, Oscar Wilde. On se souvient de Brassens lisant d'une voix émue *La Ballade de la geôle de Reading* de l'écrivain irlandais lors d'une émission spéciale « Campus » sur Europe

N°1 en 1970. Brassens, qui lisait très vite – « 4 à 5 livres en deux jours », selon Poletti – avait conçu un système particulier pour s'y retrouver dans sa bibliothèque pléthorique : « Chez un relieur de la rue Pascal, dans le 13ᵉ, il faisait relier les livres que je lui procurais avec des couvertures de couleur différentes, jaune, rouge, grise, etc... Cela pour classer les ouvrages – essais, romans, littérature étrangère – en fonction de leur appartenance. » Le plus souvent, c'était le chanteur qui demandait à Mario de lui dénicher un auteur qu'il avait repéré. Mais une fois au moins c'est l'éditeur qui lui a fait faire une découverte : « Deux ans avant la mort de Georges, je lui ai donné un exemplaire d'un livre de Jules Lemaitre, un écrivain du début du siècle. Il n'en est pas revenu... C'était rare qu'il passe à côté d'un écrivain. Comment cet homme était passé entre les mailles, c'était comme un caillou qui l'avait blessé au pied. Il soupirait en disant : Je n'ai pas assez de vies pour tout lire découvrir tous les auteurs.. »

─────────────

Prévert Jacques

« Il ne demandait rien à personne. Tout le monde l'a écouté. Il avait quelque chose à à dire, à rire, à chanter et même quelquefois à pleurer. La plupart lui en ont su gré » Jacques Prévert a écrit ces mots sur Brassens au dos d'un des premiers 33 tours 25 cm du chanteur. On ne peut mieux exprimer l'étonnante révélation qu'est Brassens à ses débuts, dans le monde de la chanson des années 50. Que Prévert et Brassens aient eu des atomes crochus, ça ne pouvait être autrement : poètes parigots, joueurs de mots, combineurs de rimes, pacifistes, anticléricaux...

Les deux poètes vont donc se cotoyer, comme l'atteste une carte postale de Brassens à Prévert et datée de Septembre 1955. Elle est envoyée de Lourdes (!) et le chanteur écrit : »Mon cher Prévert, j'ai passé huit jours avec tes *Paroles* ces temps-ci et je suis heureux de te dire que cela m'a fait autant de bien qu'il y a belle lurette. ». Brassens, à deux reprises, fait référence au scénariste-poète-collagiste des *Enfants du Paradis* : dans *Le Pluriel*, de 1966, et deux ans auparavant, dans *Le vingt-deux Septembre*, il y associe la chanson culte de Prévert et Kosma, *Les Feuilles mortes :* Que le brave Prévert et ses escargots veuillent / Bien se passer de moi et pour enterrer les feuilles / Le 22 septembre, aujourd'hui, je m'en fous. » Actuellement, outre les spectacles qui allient les œuvres des deux poètes, il existe en France plusieurs écoles Brassens-Prévert, dont celle d'Auby dans le Nord.

———————

Psyché

Encore une héroïne grecque qu'affectionne Brassens, au sens propre comme au figuré : « Mais quand, par-dessus le moulin de la Galette, / Elle jetait pour vous sa parure simplette, / C'est Psyché tout entièr' qui vous sautait aux yeux. » *Les Amours d'antan, 1962.* Dans la mythologie grecque, Psyché est une superbe jeune fille aimée par Éros. Pour lui avoir désobéi, Éros la quitte, et Psyché va vivre une longue suite d'aventures à sa recherche. Une psyché, c'est aussi un grand miroir sur pied et pivotant sur son axe, permettant de se voir de tous côtés. « En m'retrouvant seul sous mon toit, / Dans ma psyché j' me montre au doigt. » *Le Pornographe*, 1958. Une scène qui relève totalement de la fiction, compte tenu du peu de cas que faisait le chanteur de son apparence physique et de toute mode vestimentaire. Confidence à Philippe Nemo sur France Culture en 1979 : « Au début, je faisais peur, j'avais les cheveux longs, j'avais des espadrilles, je portais jamais de cravate… J'avais l'air d'un clodo. »

———————

R

RABELAIS FRANÇOIS
S'il est un auteur qui est clairement associé au nom de Brassens, c'est bien celui de l'auteur de *Gargantua* et de *Pantagruel.* Le futur chanteur découvre la verve rabelaisienne à la bibliothèque du 14e arrondissement, lorsqu'il arrive à Paris. La truculence de Rabelais réveille en lui un certain goût : « Avec les copains, j'avais l'habitude de chanter des chansons de corps de garde. Et puis j'étais nourri d'une certaine littérature. À force de vivre avec des gens comme Rabelais, on n'est plus heurté par les mots, ils deviennent un peu abstraits. En somme le plus grand service que j'ai pu rendre aux gros mots, c'est de leur enlever leur grossièreté. Quand je dis merde, il y a tout de même derrière des bouquets de fleurs. » (*Brassens sur parole,* Jacques Perciot, Didier

Carpentier, 2001). Plusieurs de ses chansons sont assorties de références à l'écrivain humaniste de la Renaissance. Brassens l'individualiste libertaire se devait de joindre sa voix à celle de Rabelais du *Pantagruel*, dans lequel les moutons de Panurge se noient par suivisme : « Les hommes sont faits, nous dit-on, / Pour vivre en band', comm' les moutons. / Moi, j' vis seul, et c'est pas demain /Que je suivrai leur droit chemin. » (*La mauvaise herbe, 1954)*. D'autres termes, voire des citations, typiquement rabelaisiens se retrouvent dans *Fernande, Le moyenâgeux, Les deux oncles, Comme une sœur.* Et c'est un ecclésiastique, le Cardinal Paul Poupard, qui va souligner la filiation Rabelais-Brassens au-delà de la volonté de choquer le bourgeois :« Son œuvre est de la veine des fabliaux. Il y a une communauté d'inspiration avec Rabelais – qui était profondément chrétien. » (*Brassens, le mécréant de Dieu*, Jean-Claude Lamy, Albin Michel).

―――

Rault Jean

« Simple avec les gens simples », dit Jean Rault, le facteur de Brassens qui en 1973, 20 ans après leur rencontre, décrit ainsi ses liens avec Georges. C'est lui qui, au début de la décennie 50, fait la tournée des boîtes aux lettres dans le coin du 14e arrondissement de Paris où habite Jeanne et Marcel Planche, le couple qui héberge Brassens. À cette époque, l'arrivée du courrier – et du facteur – est un petit évènement de la vie quotidienne. C'est le lien principal avec la famille, les amis. Le facteur Jean Rault devient de la sorte un ami des Planche, et de leur protégé, Brassens. Dans la cuisine de

Jeanne, en buvant un apéro avec elle, Rault entend des coups sourds et réguliers au dessus de sa tête. C'est Brassens qui répète ses chansons en marquant la mesure. « Un jour, » raconte Rault, « Georges est entré, massif dans son survêtement bleu, tout en force, une crinière en guise de cheveux, la moustache dévalant sur les joues. Il avait déjà cet œil qui regarde profond... Il disait seulement des petites phrases courtes, nettes, mais je sentais bien, derrière cette apparence de bois brut, il y avait un énorme contenu. », Le chanteur et le facteur deviennent copains. Plus tard le succès – et Jean Rault- amènent des sacs entiers de lettres d'admirateurs dans la cuisine de l'impasse Florimont. Mais Brassens se fait plus rare. Il continue néanmoins d'entretenir leur amitié : en 1973, il invite ainsi Jean Rault, devenu depuis chef de centre de tri postal, à son spectacle de Bobino. « Chaque fois que je le vois, je récupère un peu de sa force tranquille » a écrit Jean Rault. Ce jour là, peut-être est-ce avec cette calme assurance qu'il va rencontrer dans les coulisses du théâtre une amie belge photographe, Josée Stroobants. Brassens se fera un peu le messager d'Éros pour que Josée, quelque temps plus tard, devienne la femme du facteur.

───────

Ravachol

En octobre 1954, François Brigneau, journaliste d'extrême-droite, plusieurs fois condamné pour écrits antisémites, écrit dans la *Semaine du monde* un reportage intitulé « Brassens, Ravachol de la chanson, ne fait pourtant de mal à personne ». Dans la chute de cet article au vitriol, il y fait référence à l'anarchiste terroriste : « On ne pouvait qu'avoir pitié de ce Ravachol au cœur sensible qui lançait ses ritournelles comme des bombes, mais qui souffrait de les entendre exploser ». L'idée de comparer Brassens à Ravachol a quelque chose d'incongru. Si tous les deux se réclamaient de la pensée libertaire, leurs moyens d'action étaient fort éloignés. Même s'il avait lu les théoriciens de l'anarchisme tels que Proudhon, Bakounine ou Kropotkine, Brassens ne s'est jamais targué de faire de la politique et se contentait d'apporter un peu de bonheur à quelques-uns avec ses « chansonnettes ». Il avait de l'anarchisme une conception pacifiste et purement individualiste. À aucun moment, il ne s'est fixé comme projet de changer le monde, sa seule ambition étant d'inciter l'individu à se changer lui-même. Aux antipodes de la non-violence d'un Brassens, Ravachol a été l'instigateur de plusieurs attentats à Paris, dont celui de la rue de Clichy et celui du boulevard Saint-Germain, tous deux en 1892. Il sera guillotiné le 11 juillet de la même année. Il devint ensuite une figure mythique pour tous ceux se réclamant du drapeau noir. Le chanteur Renaud écrivit autour de 1968 une chanson à sa gloire (jamais enregistrée), ce que ne fit jamais Brassens.

———————

REINHARDT DJANGO

Django Reinhardt apparaît à deux reprises dans les chansons de Brassens, appelé à chaque fois affectueusement de son seul prénom. Dans *L'Ancêtre*, il est associé à Henri Crolla, autre guitariste manouche virtuose. Dans *Entre la rue Didot et la rue de Vanves*, qui nous ramène au temps de l'Occupation, le héros est en train de s'« user les phalanges sur un chouette accord du père Django » quand arrivent les Allemands, en principe peu enclins à apprécier cette musique « dégénérée ». Mais par bonheur, apprend-on, « ils aimaient la guitare et les trémolos », et ils s'en vont sans inquiéter le musicien. Brassens le savait-il, mais une histoire proche arriva à Reinhardt lui-même pendant la guerre. Alors qu'il fuyait la France, il fut arrêté par des soldats allemands à quelques kilomètres de la frontière suisse. Reconnu par un officier amateur de jazz, il fut relâché.

Django Reinhardt fut sans doute le musicien préféré de Brassens, « le seul, disait-il, que je puisse écouter sans arrêt des heures entières ». Il représente pour lui la quintessence du jazz, mais d'un jazz un peu spécial, qui, tout en ayant ses racines à la Nouvelle-Orléans, aurait acquis une couleur particulière dans les faubourgs de Paris. Né en 1910 dans une famille manouche voyageant entre la France, la Belgique et l'Allemagne, Jean Reinhardt, dit Django, passe l'essentiel de son enfance à Paris, à la barrière de Choisy. Vers 17 ans, il commence, comme banjoïste, à accompagner les musiciens de musette. En 1928, sa roulotte prend feu et il perd l'usage de deux doigts de la main gauche dans l'incendie. On le croit perdu pour la musique, mais il se reconvertit à la guitare en même temps qu'il découvre le jazz avec Louis Armstrong. Avec le violoniste Stéphane Grappelli, il invente un nouveau style de musique qu'on appellera plus tard le « jazz manouche ». En 1934 les deux musiciens créent le Quintette du Hot club de France qui va dominer la scène musicale du jazz pendant les 10 ans qui suivent, jouant aussi avec les jazzmen américains de passage à

Paris comme Coleman Hawkins et Benny Carter. C'est alors que le guitariste se fait connaître du grand public, grâce à ses qualités aussi bien de compositeur que de soliste et d'accompagnateur (il est autodidacte et ne sait pas lire la musique). C'est sans doute aussi à cette époque que le jeune Brassens le découvre. L'influence du jazz sur Brassens, même si elle paraît aujourd'hui aller de soi, passa longtemps inaperçue. Il fallut attendre que Boris Vian la mette en évidence dans l'un de ses fameux articles de la revue *Jazz Hot*. Le même Vian qui dira « Sydney Bechet a repris *La Cane de Jeanne*, je ne crois pas que ce soit à cause des paroles ». Quant à l'intéressé, il revendiquera toujours l'importance du jazz dans sa musique, déclarant notamment : « J'ai une façon de chanter en décalant qui est particulière aux Noirs et que très peu de Français ont, en dehors d'Aznavour et peut-être un ou deux autres ». Les musiciens de jazz ne s'y trompèrent pas. Ainsi, le batteur Moustache, ami de Brassens, enregistre en 1979 tout un album de reprises des chansons de Brassens en jazz. Un autre disque, « Giants of jazz play Brassens », réunira Eddie Davis, Harry Edison, Jo Newman, Dorothy Donegan.

─────────

Renaud

L'un des chanteurs de la « Nouvelle chanson française », appellation apparue au milieu des années 1970, qui doit le plus à Brassens, est Renaud. Encore enfant, Renaud Séchan, qui habite le 14e arrondissement, rencontre par hasard le chanteur dans l'escalier de son immeuble. Brassens est venu rendre visite à Marie Dormoy, la secrétaire de Paul Léautaud. À la maison, on écoute beaucoup le 25 cm

« Georges Brassens chante les chansons poétiques... et souvent paillardes ». Aussi le petit garçon court-il chercher le disque pour le faire dédicacer. Une quinzaine d'années plus tard, alors que sa carrière de chanteur démarre, Renaud rencontre Brassens sur un plateau de télévision. Celui-ci, qui en privé a souvent la dent dure avec ses collègues, lui fait un compliment à propos de ses chansons, lui disant qu'il les trouve « merveilleusement bien construites ». Il est vrai que dans un argot bien différent de celui de son maître, Renaud est un écrivain de chansons hors-pair. En 1995, il rendra hommage à celui qui, de son propre aveu, lui donna envie de chanter, en enregistrant un album de 24 chansons de Brassens accompagnées à l'identique par une guitare Favino ayant appartenue à leur créateur. Renaud est aussi l'auteur d'un bas-relief commémoratif apposé à l'entrée de l'impasse Florimont.

———

Renot Marcel

Brassens rencontre Marcel Renot au milieu des années 40 à la fédération anarchiste du 14e arrondissement. Peintre réputé pour ses tableaux de fleurs, Renot a notamment exposé au Salon des indépendants et au Salon d'automne. Dans le même groupe libertaire, se trouvent le chauffagiste Marcel Lepoil, le fleuriste Henri Bouyé et le poète polyglotte Armand Robin. Marcel est plus âgé que Georges, il est né en 1896, mais cela n'empêchera pas une solide amitié de se poursuivre jusqu'à la mort du peintre en 1973. Peu sensible à la peinture, Brassens l'était à la générosité de Marcel. Pendant ses années de vache maigre, il ira manger chez les

Renot au moins une fois par semaine. Ce qu'il n'oubliera jamais.

―――――――

Richepin Jean

Difficile de savoir ce qui poussa Brassens à mettre en musique, à deux reprises, des textes de Jean Richepin, poète mort en 1937. En 1957, lorsque le chanteur enregistre *Philistins*, dont le titre original est « Chanson des cloches de baptême », René Fallet, dans ses notes de pochette, écrit : « Connaissez-vous Jean Richepin ? Non, pas tellement ». C'est que le poète, qui eut son heure de gloire au tournant du siècle et entra même à l'Académie française en 1908, est alors complètement oublié. Brassens va lui donner une seconde vie. *Philistins* et *Les Oiseaux de passage*, l'autre poème de Richepin dont Brassens fit une chanson (enregistrée en 1969), ont en commun de fustiger l'esprit petit-bourgeois, ce que Brel définissait comme « une médiocrité de l'âme ». Cette haine de la bourgeoisie, l'un des thèmes de prédilection de Jean Richepin, lui valut des ennuis comparables à ceux que connut Baudelaire avec *Les Fleurs du mal*. En 1876, quand paraît *La Chanson des gueux*, recueil d'où sont extraits les deux poèmes mis en musique par Brassens, son auteur est poursuivi pour outrage aux bonnes mœurs. Le livre est saisi et Richepin condamné à un mois de prison. Cette condamnation lui donnera la célébrité. Personnage complexe et parfois contradictoire – bohème et provocateur d'un côté et conformiste avide de reconnaissance de l'autre – Richepin fut aussi dramaturge et comédien. Il joua en 1883 dans sa propre pièce, *Noha-Sahib*, aux côtés de Sarah Bernhardt.

──────────

Robert Yves

En 1949, Yves Robert est un jeune comédien qui débute dans un spectacle de Pierre Dac, aux côtés d'autres jeunes talents : l'humoriste Raymond Devos, le chanteur québécois Félix Leclerc entre autres. Cela se passe aux 3 Baudets, le théâtre où Brassens fera ses premières armes deux ans plus tard. Là se fait sans doute le premier lien entre les deux hommes.

Quinze ans plus tard, en 1964, l'acteur passé depuis derrière la caméra travaille sur une adaptation du roman de Jules Romain, *Les Copains.* Il a déjà à son palmarès *La Guerre des boutons*, en 1961, son premier gros succès. Yves Robert, qui cherche une chanson titre pour son film, appelle alors son copain Georges et racontera la scène plus de vingt ans après : « Je lui ai rendu visite impasse Florimont. C'est Jeanne qui m'a accompagné à l'étage où il avait son bureau. Là, il m'a présenté quelques brouillons de chansons qu'il avait écrites sur l'amitié. Puis il a pris sa guitare et m'a joué plusieurs mélodies, sept ou huit, qu'il avait en mémoire. Je lui ai donné quelques indications et il s'est mis au travail. Lorsque je suis revenu quelques semaines plus tard la chanson *Les Copains d'abord* était née. » *(Brassens Passionnément,* Georges Boulard*).* C'est Yves Robert qui conseillera à Brassens, un peu réticent, d'accélérer le tempo un peu lent de la première version, et qui lui avouera aussi : « Ta chanson risque d'être plus célèbre que mon film ! » Belle lucidité. Yves Robert traversera pourtant 30 ans de réussite au cinéma, avec *Le grand blond avec une chaussure noire, Un éléphant* ça trompe énormément, jusqu'au *Château de ma mère*.

Après la mort de Brassens, Yves Robert en fera ce portrait émouvant : « C'était un arbre droit, une chose forte et calme, chaleureuse et tendre ». Yves Robert disparaîtra en 2002.

ROBIN ARMAND

« Monsieur le commissaire de police, j'ai l'honneur de vous dire que vous êtes un con ! » L'homme qui raccroche comme chaque jour le combiné noir du téléphone sur son support est un personnage hors du commun, que Brassens rencontre en 1945. Armand Robin est un universitaire érudit doublé d'un provocateur iconoclaste. Né à Plouguernevel en Bretagne, Armand Robin (1912-1961) parle quelque vingt langues – outre le breton, sa langue maternelle –, qu'il utilise dans ses activités, car il a été en effet « écouteur de radios » étrangères au ministère de l'Information, qu'il est aussi traducteur. Il affectionne les poètes inconnus, plus tard il traduira Boris Pasternak. Il est écrivain, poète, essayiste, auteur de plusieurs recueils. Et il est anarchiste, secrétaire de la Fédération anarchiste de la région Sud de Paris, celle que fréquente Georges Brassens. Il va exercer une influence forte sur le jeune Georges, car, à cette époque, il a rompu avec toutes les entraves, son travail, son œuvre, sa famille. Robin le poète maudit se retrouve bientôt régulièrement impasse Florimont, annoncé de loin par le grondement sonore du moteur de sa motocyclette. Brassens était impressionné par son discours imprégné d'aspirations libertaires. Armand Robin s'indignait dans une publication personnelle ayant pour titre *Bulletin d'écoutes :* « Dans les pays où règne la propagande, l'homme continue à remuer les lèvres, mais tout authentique usage de la parole lui est retiré. Ces carnassiers mentaux en quête de pâture se repaissent de millions de cerveaux. L'être humain est mort alors qu'il croit vivre encore. » Plus tard, Armand Robin prendra fait et cause pour l'indépendance algérienne. Il continuera à publier essais et traductions jusqu'à sa mort en 1961 dans des circonstances troubles.

Rossi Tino

Brassens s'est toujours dit un « inconditionnel admirateur » de Tino Rossi, admiration qui ne laisse pas d'étonner. Aucun rapport en effet entre les chansons du Corse et celles du Sétois, ni dans la manière de chanter, ni dans la musique, ni dans les paroles. Tino Rossi n'est pas Charles Trenet. Si Georges aime Tino c'est sans doute parce ce dernier a accompagné sa jeunesse. Né à Ajaccio en avril 1907, Tino Rossi commence sa carrière de chanteur à Marseille en 1932. Deux ans plus tard, il triomphe au Casino de Paris avec des chansons de Vincent Scotto. Son succès ne se démentira jamais, avec des grands tubes comme *Petit papa Noël*, *Tchi, Tchi* ou *Marinella*. Dans toute sa carrière, il vendit plus de 300 millions de disques. Brassens dira à ce sujet : « Ça marche quoi qu'il chante… Et depuis quarante ans. S'il vend c'est qu'il trouve son public. *Tchi, Tchi* et *Marinella* ne sont pas l'affaire d'une mafia qui l'impose aux gens. C'est un besoin du public ». En 1977 et en 1979, les deux chanteurs sont en duo à la télévision, interprétant la première fois *Santa Lucia* et la seconde *Venise en Bretagne*. L'admiration de Georges pour son aîné (mort pourtant près de deux ans après lui) ne sera pas partagée par tous. Ainsi cette confidence de l'humoriste Pierre Desproges : « Je n'ai pas honte de le dire, le jour de la mort de Brassens, j'ai pleuré comme un môme. Alors que le jour de la mort de Tino Rossi, j'ai repris deux fois des moules ».

───────────

Rostand Jean

Jean Rostand fera partie des académiciens français qui attribueront à Georges Brassens le Grand prix de la Poésie, en juin 1967, avec le soutien de Maurice Genevoix, Marcel Pagnol, Marcel Achard, Joseph Kessel… Brassens, qui admirait Rostand, confirmera ses convictions pacifistes, lors d'un « Campus » Spécial de Michel Lancelot sur Europe N°1, en citant de mémoire la profession de foi que Rostand avait écrite et lue lors d'un meeting à la Mutualité à Paris, *Un monde uni* : « Être pacifiste, c'est ne prêter qu'une oreille méfiante à ceux qui recommandent aujourd'hui le massacre, sous prétexte qu'il en préviendra un plus copieux demain ; c'est, sans méconnaître les droits de l'avenir, donner la priorité à la vie des vivants; c'est vouloir la paix, même si elle n'a pas tout à fait la couleur qu'on préfère; c'est admettre que l'intérêt de la paix puisse ne pas coïncider avec celui de notre patrie ou de notre idéologie; c'est oublier cette ignoble vérité que le sang sèche vite; c'est s'affliger quand, pour quelque cause que ce soit, on voit un fusil dans les mains d'un enfant ; c'est n'être jamais sûr d'avoir tout à fait raison quand on souscrit à la mort des autres.»

S

SALÉE ANDRÉ
Ancien animateur à Radio Luxembourg, réalisateur de documentaires, écrivain, André Salée est un passionné de chansons. Il était aussi un proche de Brassens, sur lequel, il a écrit un livre, en 1991, préfacé par Maxime Le Forestier.

———

SALVADOR HENRI
Brassens et Salvador (1917- 2008) s'étaient croisés aux 3 Baudets, se retrouvèrent à la télévision (*Salvador c'est l'été*, 1978) et bien sûr pour *Emilie Jolie*, Salvador est le conteur, Brassens le hérisson. Henri, qui fut d'abord guitariste de jazz, reprendra (en jazz) 11 ti-tres de Brassens sur l'album « Hampton, Salvador, Clark, Terry, Moustache et leurs amis jouent Brassens » (1979). Un retour à ses premières amours pour un artiste le plus souvent

dans la veine comique, ce qui n'était pas le cas à ses débuts (*Maladie d'amour, Le Loup, la biche et le chevalier*). Dans *Platine* de décembre 1994, Salvador explique ce revirement : «Avant tout, je suis un crooner... J'aime les chansons romantiques. Malheureusement, en France (en 1948/1949), il n'y avait pas la place pour ce genre de chanteur (...) Chez Eddie Barclay, comme il ne pensait qu'au fric, j'étais un peu obligé de faire rentrer du pognon et de chanter des conneries». En 1956, sous le pseudonyme d'Henry Cording, il est un des premiers à interpréter du rock'n roll en français.

———————

Sartre Jean-Paul

Dans l'immédiat après-guerre, Sartre est le penseur à la mode. Influencé par le philosophe allemand Martin Heidegger, il est l'un des représentants les plus reconnus de l'existentialisme, grâce notamment à son livre fleuve *L'Être et le néant* (1943). Agrégé de philosophie, Sartre (1905-1980), commence sa carrière comme enseignant dans le secondaire. C'est au lycée du Havre qu'il se lie d'amitié avec son collègue Alphonse Bonnafé, par la suite le professeur de lettres de Brassens à Sète. Également romancier et dramaturge, Sartre est un écrivain très engagé à gauche et, participant à des meetings politiques, il aurait eu besoin de service d'ordre. C'est sans doute pour faire plaisir à Bonnafé, avec qui il était devenu ami, que Brassens acceptera de jouer ce rôle de gros bras. Sartre et Brassens se croisèrent donc de manière occasionnelle.

———————

Saturne

Dans sa chanson éponyme, Brassens dresse ainsi le portrait

de Saturne : « Il est morne, il est taciturne/Il préside aux choses du temps/Il porte un joli nom Saturne/Mais c'est un dieu fort inquiétant ». Description fort poétique, mais qui repose sur un malentendu. Saturne n'est pas le dieu du temps. Il était célébré chaque année, en décembre, par les Romains. Les « Saturnales » étaient une fête de joie et de liberté à l'occasion de laquelle, l'espace de quelques jours, chaque être humain devenait l'égal de son prochain. Saturne est l'équivalent latin du dieu grec Cronos (sans h), roi des Titans, divinités géantes antérieures aux dieux de l'Olympe. On le confond souvent, d'où l'origine de la confusion, avec Chronos (avec un h) qui, lui, personnifiait dans la mythologie grecque le temps et la destinée. Davantage un principe immatériel qu'un dieu proprement dit, Chronos n'avait pas de parents puisqu'il existait de toute éternité. En s'appuyant, consciemment ou non, sur cette confusion, les astrologues et les poètes firent de Saturne un dieu mélancolique, lent et lourd. Ainsi, Verlaine, qui baptisa son premier recueil de poésie, en 1866, *Les Poèmes saturniens*. Quant à Brassens, il reprend la même conception erronée dans sa chanson, sans doute dédiée à Püppchen, dans laquelle il se sert du dieu triste pour célébrer un amour sur lequel le vieillissement n'a pas de prise.

_____

Sauvage Catherine

Catherine Sauvage est un « passeur » : Comme Patachou elle va aider Brassens à ses débuts en reprenant ses chansons dans uns style plus compatible avec le public de l'époque. En 1954, Catherine Sauvage est vedette à l'Olympia, elle reçoit le Grand prix du disque. Mais c'est aux 3 Baudets, où Jacques Canetti l'engage un an auparavant, que la rencontre avec Brassens se fait. Les deux artistes font partie du spectacle *Ne tirez pas sur le pianiste*. Figurent à l'affiche, Darry Cowl, Pierre-Jean Vaillard, et Catherine Sauvage. Le charme étrange de l'ours qui chante, hirsute, la tête baissée, doit agir sur la gent féminine. Brassens, lui, dit de Catherine qu' « elle ne chante pas, elle mord. » La chanteuse va reprendre *Pauvre Martin* et surtout *Il n'y a pas d'amour heureux*, le poème d'Aragon mis en musique par Brassens. L'histoire ne dit pas si, comme pour Patachou, il y a eu une idylle avec le chanteur. En tout cas, Sauvage déclenchera les foudres de « l'hôtesse » officielle de Brassens à cette époque de l'impasse Florimont, Jeanne Planche. Lorsque Georges évoquait malicieusement le nom de Catherine Sauvage, Jeanne rentrait dans une rage folle : « Il est passé à la radio avec Catherine Sauvage » vocifére-elle. « Je suis sûre qu'il l'a sauté cette salope. Elles ont toutes le feu au cul ! » (*Brassens, le mécréant de Dieu,* Jean-Claude Lamy, Albin Michel)

———

SCOTTO VINCENT

À force de le qualifier à tort et à travers de « poète de la chanson », on en oublierait presque que Brassens fut un fin mélodiste. Peut-être tira-t-il ce talent de l'écoute assidue des chansons de Vincent Scotto (1874-1952), très appréciées dans sa famille. D'origine napolitaine, Scotto commença sa carrière comme chanteur à Marseille en 1906, pour ensuite se consacrer uniquement à la composition. Auteur de 4 000 chansons, 60 opérettes, 200 musiques de films (notamment ceux de son ami Marcel Pagnol) Scotto fut chanté par les plus grands noms du music hall : Polin, Mistinguett, Damia, Fréhel, Joséphine Baker et surtout Tino Rossi. Parmi ses grands succès : *La petite Tonkinoise, Le plus beau de tous les tangos du monde, J'ai deux amours, Marinella*. En 1963, Brassens reçut le prix Vincent Scotto, décerné par la Sacem.

à sa légende de reine guerrière : « Elle ne voulut jamais se marier légitimement, afin de ne pas être privée de la souveraineté ; mais elle choisissait les plus beaux hommes de son armée, et, après leur avoir accordé ses faveurs, elle les faisait disparaître. » Est-ce ce côté union libre qui a amené Brassens à l'inclure dans sa chanson *Bécassine* ou l'exigence de la rime, le doute subsiste… .

SÉMIRAMIS

« Au fond des yeux de Bécassine/ Deux pervenches prenaient racine, / Si belles que Sémiramis/ Ne s'en est jamais bien remise ». *Bécassine*, 1969. Semiramis est la reine légendaire d'Assyrie, à qui la tradition grecque attribuait la fondation de Babylone et de ses jardins suspendus. Diodore de Sicile, historien grec du premier siècle avant Jésus Christ, a apporté un complément

SÉRAPHIN

Ce terme biblique a connu un glissement de sens. *Seraph* en hébreu signifie « brûler », allusion au serpent brûlant envoyé par Dieu. Progressivement, les séraphins ont pris une connotation plus positive, devenant des anges entourant le trône de Dieu, représentés dans la peinture primitive italienne sous la forme de musiciens célestes. L'adjectif séraphique, synonyme d'angélique, s'applique particulièrement à une musique harmonieuse et éthérée, ou à une voix douce, comme celle de la veuve de la chanson de Brassens *La Fessée*.

SERGE JEAN

« Je suis ravi de partager la vedette avec Mozart. » Georges Brassens fait cette déclaration à Bernard Gavoty, en 1967, lors d'une tournée dans la région parisienne avec un programme original : en première partie, un ensemble joue des œuvres de Mozart ; en seconde, Brassens interprète ses chansons. Le créateur de ces tournées est Jean Serge, un homme de presse que Brassens croise pour la première fois en 1946, dans les locaux du journal anarchiste *Le Libertaire*. Les deux hommes, avec des sensibilités libertaires très proches, vont sympathiser. Jean Serge poursuit son chemin dans la presse quotidienne et Georges dans le monde de la chanson. Aux débuts de Brassens, Jean Serge est journaliste à *Paris Presse-l'Intransigeant* et, avec la connaissance qu'il a du poète, il signe un superbe article sur Brassens qui décode littéralement le chanteur pour le grand public. Leur amitié renaît à cette occasion, puis Jean Serge rejoint la nouvelle radio périphérique Europe N°1, et sera un ardent soutien du chanteur. Jean Serge aura un autre rôle auprès de Brassens : c'est « Jean le littérateur ». Brassens l'affuble de ce surnom en raison de la grande connaissance de Serge des techniques de l'écriture. Claude Wargnier a souvent assisté à ces séances de travail : « Avec beaucoup de tact, Jean, sur les sollicitations de Brassens, reprenait telle ou telle phrase, tel ou tel mot : « Peut-être ce mot que tu as choisi convient bien, mais essaye avec celui-là…» C'était un vrai dialogue d'érudits, ils étaient tous deux dans un autre monde, ils se comprenaient sans se parler. » Jean Serge sera aussi présent à chaque prestation de Brassens à Europe N°1. On lui doit aussi une série d'entretiens radio «En liberté avec…» et une rencontre Fallet-Brassens pleine d'humour. (2 Cds *Brassens raconte Fallet*, RTE).

SERMONTE JEAN-PAUL

Poète, conteur, biographe, Jean-Paul Sermonte, né en 1948 à Ajaccio, est le fondateur des « Amis de Georges », une association qui se veut être un lien entre les admirateurs de Brassens. Sermonte découvre la poésie en entendant *Le petit cheval*. Depuis 1984, il se consacre essentiellement à l'écriture. Il est l'auteur d'une trentaine de livres, notamment de contes pour les enfants (*Les Chemins irréels*). Il a écrit des biographies des chanteurs québécois Félix Leclerc et Gilles Vigneault et aussi bien sûr deux livres sur Brassens : *Brassens ou la tombe buissonnière* et *Brassens et les poètes*. Également conférencier, il a été l'instigateur en 1985 d'une exposition Brassens (réunissant documents, dessins, lettres, traductions) qui a fait le tour de la France.

SÉVIGNÉ (MARQUISE DE)

Parlant des Fables de La Fontaine, la marquise de Sévigné écrit : « Elles ressemblent à un panier de cerises ; on veut choisir les plus belles et le panier reste vide ». Cette appréciation, Brassens se l'approprie pour décrire les lèvres de Bécassine : « À sa bouche, deux belles guignes, /Deux cerises tout à fait dignes, /Tout à fait dignes

213

du panier / De madame de Sévigné ». Contemporaine de La Fontaine, qui lui dédicaça sa fable « Le Lion amoureux », la marquise de Sévigné (1626-1696) restera comme la plus grande épistolière de la littérature française. Sa correspondance échangée avec sa fille, Mme de Grignan, pendant une période de trente ans, au rythme de trois ou quatre missives hebdomadaires, représente un total de 1120 lettres. Au même titre que les *Mémoires* de Saint-Simon, elle constitue un tableau inestimable de la vie de la noblesse au XVIIe siècle.

SÈVRES Christine

En compagnie de Boby Lapointe, elle avait fait la première partie de Brassens à Bobino en 1964. Elle mourut moins d'une semaine après Brassens, le 4 novembre 1981. Jacqueline Christine Boissonnet dite Christine Sèvres n'eut qu'un seul succès, *La Matinée*, un titre enregistré en 1969 en duo avec son second mari, Jean Ferrat. Il est vrai qu'elle enregistra peu : trois chansons en 1961, huit en 1962, douze en 1968 (son premier 33 tours sortit le 10 mai 1968. Personne, évidemment, ne l'acheta), dix en 1970 (dont, de Brigitte Fontaine, *Le Beau Cancer*, maladie dont mourra Christine à 50 ans). Attirée par le théâtre, pour ne pas faire de peine à ses parents qui voyaient en elle un écrivain, elle prend un pseudonyme, Sèvres, simplement parce qu'elle habite près du métro Sèvres-Babylone. Selon Jean Ferrat, elle aurait préféré être comédienne que chanteuse. En 1972, considérant qu'elle n'a pas réussi dans cette voie, elle abandonne la chanson et se consacre à la peinture.

Simon Yves

Un écrivain en première partie de Brassens à Bobino en 1972 ? Authentique ! Alors qu'il n'avait publié qu'un album passé inaperçu en 1967, Yves Simon eut ce privilège, lui qui, bientôt, allait abandonner le tour de chant au profit de l'écriture. Car Yves Simon est vraiment un personnage à part dans la chanson. Né en 1945, il se voit offrir à huit ans un... accordéon, ce qui ne peut que surprendre lorsqu'on sait que quelques années plus tard il monte les Korrigans, un groupe de rock très influencé par les Doors et les Beatles. En 1961, après avoir décroché son baccalauréat, il va hésiter car il a, entre temps, découvert Juliette Gréco et Brassens... et sa passion de l'écriture et devenue très forte. En 1964, il s'installe Paris, s'inscrit à la Sorbonne et prépare le concours de l'IDHEC qui pourrait le conduire à une carrière dans le cinéma. Mais en 1965 sa participation à une émission de télé va le mener à la chanson, connaissant un succès qui ira crescendo de 1967 à 1977. Dans le même temps il allait publier ses premiers romans, remarqués par Brassens qui l'invitera alors sur scène.

Simonin Albert

Le spécialiste de l'argot des truands, auteur du *Petit Simonin illustré,* le dictionnaire de référence de la langue verte, a été l'un des écrivains préférés de Brassens. Ses romans trônaient en bonne place dans les rayons de la bibliothèque du chanteur. Les romans noirs de Simonin ont servis de base à des films aussi populaires en France que *Touchez pas au Grisbi, Le Cave se rebiffe* ou le cultissime *Les Tontons flingueurs,* ce dernier sous l'adaptation d'un autre proche de Brassens, Michel Audiard. Curieusement, les deux hommes ne se retrouveront que peu de fois, se saluant par amis interposés, ainsi que Mario Poletti le relate dans *Brassens me disait* (Flammarion 2006). L'ultime occasion sera l'enterrement de Simonin en 1980, un an avant celui de Brassens. Georges va rendre hommage au défunt, au moment où il est porté en terre, en récitant de mémoire aux amis présents un extrait de son *Savoir vivre chez les truands*. Poletti a hérité de l'ouvrage, dans lequel Brassens a souligné un passage : « Laissez proférer devant vous les bourdes les plus énormes, les insanités les plus échevelées, les contrevérités les plus flagrantes, sans protester ni rectifier. On ne convainc jamais personne, et surtout pas les branques. Contentez vous, esgoudeur exemplaire, de rester attentif. »

SOLIDOR Suzy

Elle interprète *Le Parapluie* avec des « gravités salonardes », dira d'elle Bertrand Dicale dans *Le Figaro*. Et si leurs chemins ne croisèrent pas souvent, Brassens se souvient d'une de ses remarques: « Elle me disait que je n'avais pas le droit de prendre le public pour des cons. Erreur ! Ce sont les cons que je prends pour des cons ».

SOUCHON Alain

C'est le chanteur-auteur français qui pourrait se revendiquer de la filiation la plus directe avec le Sétois. Même goût pour les textes ciselés, peaufinés, même souci des mélodies, même sensibilité retenue, même timidité. La différence de génération les a empêché malheureusement de se connaître plus. Souchon a fait son éducation musicale à l'écoute des « grands », Jacques Brel, Léo Ferré, et Georges Brassens. Et son parcours initiatique ressemble aussi à celui de Georges Brassens : la guitare sous le bras, il va écumer les bars de la rive gauche pour tenter de percer. Puis quand le succès arrive, au milieu des années 70, les deux hommes vont se croiser à plusieurs reprises, notamment lors d'un « Numéro Un » des Carpentier consacré à Souchon où Brassens sera l'un des invités d'honneur. Après la disparition de Brassens, Souchon, exemple incontesté de la chanson française, rendra hommage au « bon maître » en interprétant ses versions du *Temps ne fait rien à l'affaire* sur l'album « Chantons Brassens » en 1992, des *Deux Oncles* ou de *Putain de toi* lors d'une émission spéciale de Michel Drucker d'octobre 2001, vingt ans après.

———————

SPINOSI LAURENT

Comme Jean Rault le facteur ou Mario le tailleur, Laurent Spinosi fait partie des « gens simples » qui entourent Brassens, et qui le ramènent vers la vraie vie, loin de Paris, du show biz. C'est-à-dire à Sète. « Lolo » est Sétois, pêcheur et a construit une cabane discrète au bord de l'étang de Thau, où vont se réfugier Georges et Püppchen, à l'abri des curieux et touristes. La rumeur prétend que de prestigieux invités sont venus rendre visite à Brassens dans la cabane de Lolo, tels Salvador Dali ou Brigitte Bardot. Quand il descend à Sète, Brassens prend son bateau, le *Gyss* et part avec ses amis Laurent et Désiré Scopel sur l'étang de Thau à la pêche aux moules, abandonnant pour l'occasion la pêche aux nasses et le menu fretin qui faisait le régal de son chat. Lolo, personnage au visage buriné par le temps, a reçu un jour un beau témoignage de son ami Georges. Une lettre dans laquelle Brassens lui a écrit : « Les amitiés vraies ça ne court pas les rues..La nôtre a bien duré sans moindre défaillance, et n'a pas disparu. »

Staline Joseph

« Avant que son jour ne décline, / Qui s'élevait contre Staline / Filait manu militari / Aux sports d'hiver en Sibérie. » (*Tant qu'il y a des Pyrénées,* chanson posthume déposée en 1985). Avec Franco et Mussolini, Staline est l'une des rares personnalités politiques du XXᵉ siècle a être cité dans les textes des chansons de Brassens. Dès 1946, le jeune Brassens qui collabore alors au journal anarchiste *Le Libertaire,* allume allégrement dans ses papiers les « adorateurs de Staline » de tout poil, comme le poète Louis Aragon, chantre du PCF stalinien de l'époque. Il n'en mettra pas moins en musique son poème *Il n'y a pas d'amour heureux* ; mais, peut-être par facétie, sur la même mélodie que *La Prière* du poète pratiquant Francis Jammes. Cela engendra une confusion au niveau des droits d'auteurs Sacem, au profit de « celui qui croit au ciel » et au détriment de « celui qui n'y croit pas » selon les propres mots d'Aragon… À noter pour finir que René Fallet a officialisé en quelque sorte la relation entre les deux moustachus dans son premier article sur Brassens, le 29 avril 1953 dans le *Canard enchaîné :* « Il ressemble tout à la fois au défunt Staline, à Orson Welles, à un bûcheron calabrais et à une paire de moustaches. »

Stroobants Josée

Josée est une photographe qui, en 1965, rencontre un autre amateur de la photo, Brassens, lors d'un de ses spectacles en Belgique. Josée et Georges, outre la photo, se trouvent deux autres affinités : le goût pour les petits félins à poil, et la pensée anarchiste. Brassens va faire de Josée Stroobants sa spécialiste attitrée pour toute affaire se référant à la photographie. Le chanteur est bien équipé, appareil pour photos en relief, caméra 16 mm… « Brassens confia donc à la Belge tout son magasin de photos, à charge pour elle de lui procurer des copies, des contretypes, des extraits, des agrandissements. Un rude boulot ! » se rappelle Pierre Onténiente « Gibraltar » dans la préface du livre de Josée Stroobants, «*Georges Brassens chez Jeanne* (Didier Carpentier). « C'est également Josée qui est chargée des reportages destinés à immortaliser les gestes de la gloire et les fastes de l'amitié. » Brassens manifestait un vif intérêt pour toutes les « nouvelles technos » de l'époque, comme le confirme Claude Wargnier, le spécialiste du son dans le cercle des amis proches : « Georges me montrait souvent ses photos, photos de Sète, sur l'étang, ou photos souvenir de famille. Mais tout était important à ses yeux : le fond, l'éclairage, l'équilibre, la qualité des gris. Il était attentif à tout. Il était abonné à *Science et Avenir*, Il suivait toutes les innovations. » Brassens appréciait aussi les photos de famille. Jacques Caillart, à l'époque PDG de Phonogram (aujourd'hui Universal Music), se souvient : « Il adorait qu'on le photographie ! Quatre jours avant sa mort, à Sète, il a insisté pour que Bousquet, son toubib et moi-même nous le prenions en photo, avec les siens. Il aimait laisser quelque chose de lui aux gens qu'il aimait. » (*Brassens,* Nicole Ligney et Cécile Addesselam, Bréa Edit.1982)

SUCCUBE

Selon un mythe très ancien, qui remonterait aux Sumériens, les succubes (du latin *succuba*, concubine) sont des démons femelles, filles de Lilith. Créatures ambivalentes, elles se servent de la séduction pour asservir les hommes. Sortes de mantes religieuses, elles se glissent la nuit dans le lit de leurs victimes et forniquent avec elles jusqu'au petit matin, les laissant comme mortes. Brassens utilise le mot une seule fois, dans *Si seulement elle était jolie*, chanson posthume aux racines peut-être autobiographiques. À la fin des années 40, Brassens aurait eu pour maîtresse une certaine Maria, dite le succube, une femme mariée extrêmement possessive, qu'il aurait connue dans les milieux anarchistes. Dans une crise de jalousie, elle se serait présentée impasse Florimont, un revolver à la main, avec l'intention de tuer son amant, ainsi que Jeanne. Trouvant celle-ci en train de soigner un chien mourant, elle aurait abandonné son projet.

SYLVESTRE ANNE

Après Nicole Louvier, mais avant Barbara, Anne Sylvestre fut, à la fin des années 50, l'une des premières auteures-compositrices-interprètes de la chanson française. Au début de sa carrière, le fait pour une femme de s'accompagner à la guitare en chantant des chansons « intelligentes » est si inhabituel qu'on ne tardera pas à la surnommer « la Brassens en jupon ». Il est vrai qu'elle partage avec le grand Georges un goût pour les mélodies harmonieuses et les textes bien écrits. La comparaison s'arrête là.

Se gardant bien de copier ses collègues hommes, Anne Sylvestre installe dans ses chansons un univers spécifiquement féminin, qui, dans les années 70, finira par prendre les couleurs d'un féminisme militant (*Une sorcière comme les autres*, *Non, tu n'as pas de nom*). Née en 1934 à Lyon, Anne Sylvestre, de son vrai nom Anne-Marie Beugras, débute en 1957 à La Colombe, cabaret du Quartier latin. Deux ans plus tard, sa chanson *Mon mari est parti* connaît un certain succès à la radio. En 1962, elle chante pour la première fois à Bobino et à l'Olympia (en première partie de Gilbert Bécaud) et la même année paraît son deuxième disque, préfacé au dos de la pochette, par Brassens en personne. « En prenant son temps sans contorsion, écrit le célèbre préfacier, grâce à la qualité de son œuvre et à la dignité de son interprétation, elle a conquis ses adeptes, ses amis un par un et définitivement. On commence à s'apercevoir qu'avant sa venue dans la chanson, il nous manquait quelque chose et quelque chose d'important ». Balayée par la vague yéyé, Anne Sylvestre continuera pourtant à chanter, notamment pour les enfants. Ainsi, ses *Fabulettes*, qu'elle n'interprètera jamais sur scène, connaîtront un immense succès. En 2007, elle a fêté ses 50 ans de chansons par une série de récitals (à guichet fermé) à Paris.

_____

T

TABET GEORGES
Chanteur, compositeur, acteur, dialoguiste, scénariste et chef d'orchestre français, Georges Tabet (1905-1984) forma, avec Jacques Pills, le fameux duo Pills et Tabet. Pendant les années 1930, les deux partenaires seront les vedettes du Moulin Rouge à Paris. En 1935, Brassens a treize ans, et avec un copain de Sète, il fait un numéro de duettiste en chantant tout leur répertoire : « On se prenait pour Pills et Tabet… » avoue-t-il en 1980 à Tabet en personne. À l'occasion d'un disque reprenant les chansons de sa jeunesse, Brassens lui a demandé de venir interpréter en duo avec lui les succès de sa jeunesse, tel que *Y'a toujours un passage à niveau* ou *On n'a pas besoin de la lune*. Brassens, ému, confie à Tabet : « Je réalise un rêve de jeunesse… » Quinze ans avant, Tabet s'était tourné vers

le cinéma en tant que scénariste et dialoguiste : avec son frère André, il a écrit les dialogues des deux triomphes du cinéma populaire de Gérard Oury, *Le Corniaud* (1965) et *La grande vadrouille* (1966).

───────────

TANTALE

« Jadis, aux Enfers cert's, il a souffert Tantale / Quand l'eau refusa d'arroser ses amygdales / Être assoiffé d'eau c'est triste, mais faut bien dire / Que, l'être de vin C'est encore vingt fois pire... » *(Le Vin,* 1957, du film *Porte des Lilas).* Dans la mythologie grecque, pour avoir offensé les dieux, Tantale, roi de Phrygie ou de Lydie, a été condamné à un supplice terrible. Il a été pendu à un arbre pour l'éternité dans le Tartare et affligé d'une soif et d'une faim inextinguibles. Chaque fois qu'il se penchait pour boire de l'eau, elle se retirait. L'arbre regorgeait de fruits, mais quand il voulait en saisir un, le vent en écartait les branches. Quant au chanteur, même s'il a pu connaître la faim dans les années 1940 comme prisonnier du STO dans le camp de Basdorf en Allemagne, la nourriture n'a jamais eu une grande importance pour Brassens. « J'ai longtemps vécu avec un morceau de pain et un morceau de fromage », avoue-t-il. (*Les Chemins qui ne mènent pas à Rome*, Le Cherche midi). Et pour la dive bouteille, si Brassens apprécie les repas bien arrosés en compagnie de sa bande, l'exigence de sa maladie de calculs rénaux l'obligera fréquemment à une sobriété drastique. Si cela a constitué pour le chanteur un supplice de Tantale, il n'y a jamais fait référence.

───────────

Tavernier André

Musicien autodidacte, Brassens avait besoin, pour réaliser ses disques, d'un expert en musique capable non seulement de le conseiller, mais aussi de le corriger si nécessaire. Violoniste classique de formation, André Tavernier fut recruté par Jacques Canetti pour jouer ce rôle chez Philips. Il supervisa la plupart des enregistrements du chanteur. S'il ne remit jamais en question la façon si particulière qu'avait Brassens de chanter, le directeur artistique donnait son avis sur les interventions de ses « secondes guitares ». Brassens et Tavernier avaient l'un pour l'autre une profonde admiration. Au fil des années, ils devinrent amis, des amis qui se vouvoyaient et se donnaient du « Monsieur ». Le chanteur avait une confiance absolue en ce collaborateur discret mais indispensable : « Cet homme, commentera-t-il avec humour, a de l'oreille comme Lully : rien ne lui échappe. Lorsque je fais mon disque, de la cabine d'enregistrement, il m'avertit : "Georges, dans tel passage, vous détonnez. Par contre, là, vous chantez absolument faux ! Mais ne modifiez rien, je vous en prie : c'est bien plus Brassens comme cela ».

Tchernia Pierre

En 1952, Pierre Tchernia est déjà un pro du petit écran. Il a participé aux balbutiements du journal télévisé de l'unique chaîne française dès 1949. Quatre ans plus tard, il va inviter Georges Brassens pour l'émission *Aux quatre coins de Paris* réalisée en direct de Montmartre depuis le cabaret de… Patachou. Ce passage marque le début d'une solide amitié avec l'« enfant de la télé » ainsi qu'avec le réalisateur

François Chatel. Tchernia va souvent travailler avec Brassens, notamment sur le documentaire *Pour un air de guitare* en 1975. Et pour son grand plaisir, comme il en témoigne dans son livre de souvenirs, *Magic Ciné* (Fayard, 2003) l'animateur rencontrait Brassens pour partager quelques repas avec lui, « au cours desquels il mange ce qu'il aime : de la charcuterie, du pain très peu cuit, le tout arrosé de bière glacée. » Monsieur Cinéma, en grand professionnel du genre, va profiter de ces rencontres régulières pour faire des petites fiches et recueillir ainsi les bonnes paroles du poète. Brassens lui aurait ainsi, entre autres, déclaré : « Si j'avais fait des études, je serais chef de gare... » et aussi « Quand j'étais de la cloche, j'étais heureux de me payer une paire d'espadrilles neuves, plus heureux qu'aujourd'hui quand j'achète des chaussures. On ne se met pas à table le ventre plein... ».

THÉROND Roger

« J'occupais un banc de devant avec les blancs-becs, les sages, les appliqués et Jo, comme à son habitude, se trouvait dans le fond des cancres, avec les plus grands... Un matin, le nouveau prof arriva (Alphonse Bonnafé)... mit en marche sur un gramophone incongru *L'Invitation au voyage* de Baudelaire chanté sur une musique de Duparc. Il avait conquis pour toujours quelques-uns de ceux qui étaient là. Brassens fut l'un d'eux. Jo, mon copain Jo fut emporté pour toujours par la poésie, le rythme et devint Georges Brassens. » Roger Thérond le sétois écrit ces lignes en 1999 pour le cinquantième anniversaire de *Paris Match* dont il a été le directeur historique, le « chef cuisinier » selon Jean Prouvost son fondateur. Ce camarade de classe de Brassens du collège de Sète va suivre et soutenir, parallèlement à sa talentueuse carrière de journaliste, celle du copain Jo. En 1945, Thérond débute dans la presse comme critique de cinéma à *L'Écran français*. Au même moment, il forme un comité de rédaction, avec Brassens et son camarade de captivité André Larue, pour le lancement d'un journal anticonformiste, *Le Cri des Gueux*. Le journal ne verra jamais le jour, mais Thérond, qui fait partie de la bande des copains sétois de Brassens, avec Victor Laville, Emile Miramont, Raymond Castans, poursuivra sa route de journaliste… Rentré à *Paris Match* en 1950, il sera aussi présent au tournant du destin du chanteur : en mars 1952, soucieux d'aider leur ami, Victor Laville, aussi à *Match*, et le journaliste de la rubrique mondaine de l'hebdomadaire, Pierre Galante, obtiennent pour Brassens un rendez-vous avec la vedette du moment, Patachou. Les deux Sétois et Galante vont pratiquement traîner le chanteur jusqu'au cabaret de la jeune femme pour qu'il puisse lui présenter ses chansons.

La suite de l'histoire est connue… Roger Thérond restera toute sa vie (il est mort en 2001) l'un des proches de Georges Brassens ; un habitué aussi de l'ambassade des Sétois à Paris, le restaurant du 15e arrondissement du cuisinier Pierre Vedel, où il y retrouvait souvent Georges Brassens qui y venait en voisin.

―――――

TILLIEU ANDRÉ

Dans la garde rapprochée des amis de Brassens, André Tillieu, « Le Belge » comme l'appelle le chanteur, tient une place à part. Dès 1954, Tillieu a vu Brassens sur scène à Bruxelles, lors de l'un de ses premiers passages à l'Ancienne Belgique, la salle de spectacle équivalente de l'Olympia. En 1960, Tillieu est journaliste à la revue belge *Le Rail* et assure une chronique culturelle dans un autre hebdomadaire, *La Gauche.* Son admiration pour Brassens le pousse à solliciter une interview auprès de Pierre Nicolas, le fidèle contrebassiste. Il est alors séduit par le chanteur, un homme « simple, sincère et coopérant. Qu'est-ce qu'ils ont, ces cons, à considérer Brassens comme un type de mauvais poil ? » Au fil des ans, Tillieu devient un des proches de Brassens, à qui le chanteur demande son avis sur les chansons en cours, comme à Éric Battista ou à René Fallet. Le goût du public, en somme. Tillieu descend plusieurs fois par an à Paris, participe à toutes les réunions d'amitié de la rue Santos Dumont, de Crespières ou de Kerflandry en Bretagne. Et cela à la demande expresse de Brassens, qui malicieusement l'invite ainsi : « Tu sais, on est toujours heureux d'avoir un cheminot belge parmi nous… » Tillieu a raconté ces chaleureux moments dans *Auprès de son arbre (*Julliard, 1983*).*

———

Tondue

La Tondue, comme *Les deux oncles*, sorti la même année (1964), choqua les bien pensants. Dans cette chanson, Brassens fait référence à des évènements survenus quelque vingt ans auparavant. En 1944-45, les femmes ayant couché avec l'occupant, ou simplement suspectées de l'avoir fait, furent tondues en public lors de vastes cérémonies d'expiation. Parodies de justice au cours desquelles les

condamnées d'avance n'avaient aucun moyen de se défendre, ces séances de tonte, en présence d'une foule hostile et souvent hystérique, avaient pour but d'humilier, en les enlaidissant, celles censées avoir vendu, ou pire, offert, leurs charmes à l'ennemi. Dans sa chanson, tout en indiquant n'avoir pas eu le courage d'intervenir devant de telles scènes de barbarie, Brassens prend parti pour les tondues. Non qu'il approuve le comportement de celles qui ont « fauté », mais, comme il le fera avec les filles de joie, parce qu'il refuse de crier « Haro sur le baudet ». On retrouve ici le Brassens non-violent et individualiste, qui se tient à l'écart du troupeau et se méfie des ravages du conformisme idéologique. Cette attitude morale fait penser aussi à la phrase du Christ s'adressant aux lapideurs de la femme adultère :
« Que ceux qui n'ont jamais péché lui lancent la première pierre ». Brassens fut très critiqué pour cette chanson, certains y voyant une complaisance vis-à-vis des collaborateurs. Sans doute n'en fut-il pas étonné outre mesure, depuis longtemps persuadé que « les braves gens n'aiment pas que / L'on suive une autre route qu'eux » (*La mauvaise réputation*).

TOUSSENOT Roger

« Ce con, il m'oblige à être intelligent ». Le « con » dont il est question qui va amener Brassens à se dépasser, s'appelle Roger Toussenot. Le Sètois va faire la rencontre de ce philosophe méconnu en 1946, dans les locaux du journal anarchiste *Le Libertaire.* Toussenot est un autodidacte très instruit qui va initier Brassens à de nombreux auteurs de l'époque et l'aider par là-même à trouver son style. Il est également un cinéphile averti en relation avec Abel Gance. Pendant cinq ans, les deux hommes vont s'envoyer lettre sur lettre, confronter leurs idées, s'échanger leurs impressions sur la littérature, la philosophie. Peu à peu Brassens va s'affirmer dans sa volonté de devenir un auteur, encouragé par Toussenot auquel Georges envoie ses œuvres pour recueillir ses suggestions et ses critiques. Brassens lui écrit en 1948 : « Tu es une pierre fondamentale de mon œuvre, de ma vie intellectuelle ». Les lettres de Brassens, conservées par l'intermédiaire de Pierre Onténiente ont été publiées aux éditions Textuel (*Lettres à Toussenot 1946-1950*).

TRENET CHARLES

Dès son adolescence, Brassens est en admiration devant les chansons du « fou chantant », qu'il connaît toutes par cœur. À la fin de la guerre, Il ira même jusqu'à tenter de lui montrer ses premières œuvres lors d'un récital à Montpellier. Il sera éconduit, sans parvenir à voir la grande vedette. Le succès aidant, Brassens pourra enfin rencontrer son idole dans les années 60 : on le voit dans des vieux clips TV noir et blanc accompagner Trenet à la guitare et chanter, sous le regard hilare du Narbonnais, *Le grand café*, *Tout est au duc*, pour finir en apothéose en duo dans *Le petit oiseau*. Par la suite, Brassens rendra hommage au chanteur en reprenant ses grands succès dans divers enregistrements (« Brassens chante les chansons de sa jeunesse », « 20 ans d'émissions avec Europe 1 », Universal Music).

U V W X Y Z

Ulysse

Heureux qui comme Ulysse, chanson du film du même nom sorti en 1970, est la seule chanson, créée par Brassens, dont il n'est ni l'auteur ni le compositeur. En effet, les paroles en ont été écrites par Henri Colpi, vieil ami sétois, par ailleurs réalisateur du film, et la musique composée par Georges Delerue, qui travailla notamment pour Alain Resnais et François Truffaut. Le premier vers reprend mot pour mot le début d'un célèbre sonnet de Du Bellay (1522-1560), qui décrit le bonheur de celui qui revient à la maison après des années d'absence. Tel fut le sort d'Ulysse, héros de la mythologie grecque dont l'histoire nous est contée par Homère (VIIIe siècle avant J.-C.) dans l'*Odyssée*. Après la guerre de Troie, à laquelle il participe en tant que roi d'Ithaque, Ulysse erre sur les mers pendant de nombreuses années, confronté à maintes mésaventures. Il doit, entre autres, déjouer les ruses des sirènes, combattre le cyclope, rester prisonnier de la nymphe Calypso. Après 20 ans, il rentre à Ithaque sous l'apparence d'un mendiant, d'abord reconnu par son chien, puis enfin par sa femme Pénélope et leur fils Télémaque.

———————

VAILLARD Pierre-Jean
Vers la fin des années 30, dans la bande des copains de Brassens du collège de Sète, la hiérarchie est bien définie : Clavel, Maurice, le brillant ; Colpi, Henri, le studieux. Et ceux du fond de la classe : Brassens, Georges ; Vaillard, Pierre-Jean. Plutôt « cancres »… Les deux copains de classe sont tout étonnés de se retrouver presque 20 ans plus tard sur les mêmes planches. Vaillard fait son numéro de chansonnier aux 3 Baudets, où Jacques Canetti vient d'engager un timide débutant de la chanson, Georges Brassens. Vaillard est un habitué des cabarets parisiens et des émissions de radio humoristiques, pensionnaire attitré du renommé Théâtre des deux ânes. Dans le cercle rapproché des Sétois de Brassens, il sera un invité permanent des agapes dans le resto parisien du chef – sétois lui aussi – Pierre Vedel, avec Alphonse Boudard, Lino Ventura, Maurice Clavel… Mais ce spirituel comédien partage surtout avec Brassens l'amour de la langue, de la poésie : Francis Jammes, les symbolistes. « Boileau aurait aimé Brassens. Pour son souci de la rime, de la versification. Ce qui se conçoit bien s'énonce clairement va comme un gant à Brassens » écrit Pierre-Jean Vaillard en 1982 dans son hommage au poète disparu. Et il conclut : » Brassens est le

dernier miracle de la langue française. » Pierre-Jean Vaillard est mort en 1988 et repose au cimetière de Montmartre.

Valéry Paul

Les deux célébrités de Sète sont Paul Valéry et Georges Brassens. Tous deux furent poètes, mais pas dans la même catégorie. Écrivain reconnu, poète officiel, également essayiste et épistémologue, Valéry (1871-1945) fut reçu à l'Académie française en 1925. C'est d'ailleurs en habit d'académicien qu'il vint au collège de Sète en 1935 à l'occasion de la distribution des prix. Parmi les collégiens présents à la cérémonie, le jeune Georges, âgé de 14 ans. Le poème le plus connu de Valéry, « Le Cimetière marin », écrit en 1920, évoque le cimetière Saint-Charles de Sète, qui domine la Méditerranée, et où son auteur est enterré. Brassens, lui, sera inhumé au cimetière Le Py, dit cimetière des pauvres. En 1966, jouant sur cette différence de statut et de lieu de sépulture, le chanteur imagine une *Supplique pour être enterré sur la plage de Sète*. Une requête pas vraiment sérieuse, comme il l'avouera en 1969 au cours de la fameuse rencontre avec Brel et Ferré : « «Je te signale que je m'en fous d'être enterré à la plage de Sète, ça m'est complètement égal. J'ai fait ça pour m'amuser, pour aller aux bains de mer...». La chanson est un jeu par lequel Brassens trouve un moyen ludique et ingénieux de renverser l'ordre des hiérarchies : « Déférence gardée envers Paul Valéry, / Moi l'humble troubadour sur lui je renchéris, / Le bon maître me le pardonne./ Et qu'au moins si ses vers valent mieux que les miens, / Mon cimetière soit plus marin que le sien, / Et n'en déplaise aux autochtones ». Le respect de Brassens pour Valéry était-il feint ? Peut-être, même si comme son auguste aîné, il privilégiait en poésie la maîtrise de la forme. En tout cas, l'humble troubadour connaissait bien l'œuvre du bon maître, comme le prouve le clin d'œil qu'il lui adresse dans *Mourir pour des idées*, où il cite en le détournant un vers du « Cimetière marin ». Ainsi « La mer, la mer toujours recommencée », devient-il dans la bouche de Brassens : « Et c'est la mort, la mort, toujours recommencée ».

———

VENTURA Lino

La fable pourrait s'appeler : « Le catcheur et l'ours ». Le catcheur, c'est Lino Ventura : il a pratiqué cette discipline sportive avant de passer au cinéma. L'ours, c'est évidemment Georges Brassens, qui a cultivé la réputation et la morphologie du plantigrade. Les deux hommes avaient de bonnes raisons pour devenir amis. Tous deux sont d'origine italienne. Angelino Giuseppe Pasquale Ventura est né à Parme en 1919, Georges Brassens à Sète en 1921, et il est à moitié italien par sa mère, Elvira Dagrosa. Leurs carrières ont démarré la même année, 1953, quand Lino tourne son premier film *Touchez pas au grisbi* et Georges sort son premier disque 33t 25cm avec *La Mauvaise Réputation*. Et un autre animal les réunit quelques années plus tard, alors que Ventura incarne Géo Paquet, agent de la DST dans *Le Gorille vous salue bien*, quadrumane dont la saga judiciaire a déjà été célébrée dans la chanson de Brassens. Ventura et Brassens vont se retrouver dès 1965, l'année de la création de l'association Perce Neige, que Lino Ventura monte afin de développer des structures d'accueil pour enfants handicapés. Brassens participe naturellement au gala de soutien. C'est une amitié discrète mais solide, des « atomes crochus » bien accrochés qui unit les deux hommes, de mêmes valeurs, de mêmes convictions. Avec tout de même une divergence sur la gastronomie : Ventura est très méticuleux sur « la pasta », alors que Brassens est notoirement insensible aux subtilités culinaires. Témoin ce dialogue dans « Le grand échiquier » de Jacques Chancel en 1979 : « Quand Georges dit « Viens diner à la maison », il faut que j'emporte tout dans ma voiture, casseroles comprises, parce que chez Brassens, « viens diner », c'est boîte de pâté, boîte de sardine, saucisson, alors ça va un moment... » auquel répondait Georges Brassens, « Moi je n'aime que les sandwiches, la cuisine de mon ami Pierre Vedel et les pâtes de Lino. »

À Ventura qui répugnait à aborder le sujet de la mort, Brassens prenait un malin plaisir à le faire enrager en expliquant qu'il écoutait chaque matin la radio pour savoir qui était mort... Ce à quoi Ventura répliqua qu'il faisait la promesse d'aller manger des pâtes à l'enterrement du chanteur. Ventura est mort six ans après Brassens.

―――――

VENTURA RAY

À l'occasion de l'Exposition universelle de 1937, la famille Brassens monte à Paris. Louis en profite pour emmener son fils écouter Ray Ventura et ses collégiens, qui passent au Châtelet. Le jeune homme de 16 ans ressort du concert enchanté. La musique jouée par l'orchestre est quelque peu édulcorée par rapport au jazz original importé en France en 1925 par Joséphine Baker et la *Revue nègre*. Alors qu'ils étaient au départ des puristes reproduisant les solos de leurs modèles américains, Ventura et ses anciens condisciples du Lycée Janson de Sailly, ont dû, pour des raisons financières, opter pour une musique plus commerciale, à mi-chemin entre le jazz et les variétés. La formule consistait à alterner morceaux de jazz, chansons en français et sketches. C'est dans cet esprit que Paul Misraki, le pianiste du groupe, composa *Tout va très bien madame la Marquise*, chanson burlesque qui, dans les années angoissantes précédant la Seconde Guerre mondiale, connut un immense succès. Évoquant ces refrains de son adolescence, Brassens dira par la suite : « Je sais à peu près par cœur tous les morceaux de Ventura... Ils comportent beaucoup de jeux de mots.

Même si je n'aime pas les calembours gratuits – Victor Hugo disait qu'ils sont "les fientes de l'esprit" –, j'aimais la gaieté qui émanait de cet orchestre aux musiques bien faites ». Pendant la guerre Ray Ventura sera obligé de fuir l'Europe à cause de ses origines juives. Dans les années 50, il deviendra éditeur de musique (associé à Bruno Coquatrix), notamment il publiera les toutes premières chansons de Brassens, avant que celui-ci ne devienne son propre éditeur en 1957.

Vénus

Son nom apparaît dans une vingtaine de ses chansons. C'est dire si les femmes, ou « la femme » (mot qu'il lui arrive d'employer, mais rarement), sont un sujet de prédilection de Brassens. Dans les années 1970, certaines féministes l'accusèrent de misogynie. Tout cela parce qu'il avait écrit dans « Une jolie fleur » : « Elle n'avait pas de tête, elle n'avait pas/L'esprit beaucoup plus grand qu'un dé à coudre/Mais pour l'amour on ne demande pas/Aux filles d'avoir inventé la poudre ». Brassens misogyne ? Il suffit de plonger dans l'œuvre pour se persuader du contraire. Il est toujours du côté des femmes, qu'elles soient bergères ou putains. Et même quand elles le font souffrir, ils ne les éreintent pas avec autant d'acrimonie qu'un Brel. Les femmes sont pour Brassens des déesses, même lorsqu'elles vivent en banlieue. D'où cette référence constante à Vénus, déesse de l'amour pour les Romains, qui lui élevèrent des temples. Vénus, dont on retrouve la trace dans Vendredi (jour de Vénus), est l'équivalent latin de la déesse grecque Aphrodite. Elle est la mère de Cupidon et la femme du dieu forgeron Vulcain.

―――――

VERS André

Il était l'ami de Jacques Prévert, de Blaise Cendrars, d'André Hardellet, de René Fallet, et de Brassens, qu'il voit chanter pour la première fois en 1953 dans cabaret de la rue Coustou, près de la place Blanche. André Vers était le type même du prolétaire autodidacte. Il commença sa vie professionnelle à 14 ans comme apprenti ajusteur, puis travailla dans une usine d'aviation, avant de devenir dessinateur industriel et enfin représentant en librairie. Mais Vers est aussi écrivain, auteur de trois romans : *Misère du matin* (1953), *Martel en tête* (1967) et *Gentil n'a qu'un œil* (1979). En 1990, il a aussi publié un gros livre de souvenirs, intitulé *C'était quand hier ?*, dans lequel il évoque son amitié avec

Brassens. André Vers est mort en 2002 à l'âge de 78 ans.

_____

VERLAINE PAUL

Avec sa vie hors du commun, Verlaine (1844 -1896), le poète à l'anti-conformisme affirmé ne pouvait que plaire à l'anar de Sète. Brassens confirme : « J'ai lu tout Verlaine ou presque, parce que je l'aime intégralement. » (*Brassens, œuvres complètes,* Le Cherche midi, 2007*).* Le chanteur découvre sans doute le « poète maudit » grâce à Alphonse Bonnafé, son professeur de français au collège de Sète, en même temps Mallarmé et Rimbaud. Pendant longtemps il ne jurera que par ce trio d'écrivains, avant de reconnaître Hugo, Musset ou Lamartine. C'est en 1956 que Georges Brassens rend son premier hommage à Verlaine. Il écrit une musique sur *Colombine,* un poème extrait du recueil *Fêtes galantes* paru en 1869. Plus tard, il réunit Verlaine et un autre de ses poètes favoris, Paul Fort : sur la musique de *La Marche nuptiale,* il va chanter *L'Enterrement de Verlaine* un poème de Paul Fort (1872 - 1960), qui avait semble-t-il cotoyé Paul Verlaine à la fin de sa vie.

_____

VIAN BORIS

Le respect est le sentiment qui a dû prévaloir dans la relation entre « le grand Boris » et « le Gros ». S'ils se sont visiblement appréciés et admirés, il ne semble pas que les deux hommes se soient côtoyés, voire rencontrés. Peut-être au tournant des années 50, quand Brassens passe au Vieux-Colombier, lieu favori des musiciens de jazz. Le club Saint-Germain est proche. Le batteur Mac Kac, ami de Georges, y joue et c'est le quartier général de Vian. Le jazz est le point majeur de rapprochement des deux artistes. Certes ils partagent aussi une même maison de disques (Philips) et un même mentor artistique (Jacques Canetti). Mais c'est avant tout le jazz le ciment. Directeur artistique, critique musical, Boris Vian appréciait le swing du Sétois : « La manière de chanter de Georges Brassens est comparable à celle des chanteurs de blues. La netteté du style de Brassens et la fraîcheur de son expression l'apparentent aux chanteurs noirs » écrit-il en 1958 (*En avant la zizique*, Boris Vian, Pauvert). Brassens saluera l'extraordinaire talent de Vian plus tard dans le texte de pochette du disque 33 tours de Vian, *Chansons possibles et impossibles* : « Boris Vian est l'un de ces aventuriers solitaires qui s'élancent à corps perdu à la découverte d'un nouveau monde de la chanson. J'ai entendu dire à d'aucuns qu'ils n'aimaient pas ça, grand bien leur fasse ! Un temps viendra où les chiens auront besoin de leur queue, et tous les publics des chansons de Boris Vian. »

───────

Villon François

« Il faut être absolument moderne », écrivait Rimbaud dans *Une saison en enfer*. De cette recommandation, Brassens n'a cure. Lui revendique d'être « foutrement moyenâgeux ». La langue de Brassens, en effet, n'a rien de contemporain. En matière d'écriture, contrairement à son ami Brel, qui raffole des néologismes, il ne cherche pas à innover et prise volontiers les tournures archaïques. Ce goût pour le français « d'antan » lui vient assurément de la fréquentation de François Villon, le plus grand poète français du

XVᵉ siècle, dont il mettra en musique la *Ballade des dames du temps jadis* dès 1953. Villon que le jeune Georges découvre à l'âge de vingt ans, et dont la poésie, pourtant si lointaine dans le temps, va influencer son style de manière définitive. « Si l'on me compare à Villon, dira-t-il, c'est que je me suis beaucoup servi chez lui. C'est-à-dire je l'ai beaucoup aimé, je l'ai un peu assimilé. J'ai vécu deux ou trois ans en étant non pas Villon, mais en essayant de l'être. Et il est resté des traces dans ce que j'écris ». Au-delà de la forme, ce qui touche sans doute Brassens chez « Maître François », c'est que celui-ci a le génie de l'humain. Ainsi, le poète Tristan Tzara entendra-t-il dans son œuvre « la voix même de cette tendresse intérieure, foyer constant de chaleur et de fraternité qui, nous prenant pour témoins, nous rend également solidaires de sa détresse ». À une époque, où cela ne se fait pas, Villon crée une poésie autobiographique où il raconte sa vie aventureuse, souvent pleine de souffrance. Né François de Montcorbier en 1431, le jeune orphelin prend le nom de celui qui l'a élevé, le chanoine Guillaume de Villon, qu'il considère comme son « plus que père ». Celui-ci l'envoie faire ses études à Paris où il devient bachelier en 1449. Et ce sont bientôt les premiers heurts avec la police du roi Charles VII dans un Quartier latin agité par des chahuts estudiantins. En 1455, Villon tue un prêtre dans une rixe et va dès lors s'enfoncer dans la délinquance. La nuit de Noël 1456, il participe au cambriolage du collège de Navarre et doit fuir Paris, évènement qu'il relate dans son poème « Le Lais ». Il devient membre de la bande des coquillards, un groupe de malfaiteurs qu'il évoque dans certaines de ses ballades. En 1462, dénoncé pour sa participation au vol de 1456, il est incarcéré au Châtelet et condamné à être pendu. Attendant sa mort prochaine, du fond de sa geôle, il écrit sa célèbre épitaphe, commençant par ces mots : « Frères humains qui après nous vivez / N'ayez les cœurs contre nous endurcis… ». Au début de 1463, il est finalement gracié et banni de Paris pour dix ans. On perd alors sa trace. On ignore la date de sa mort.

───────────

Wallace Richard

Le philanthrope anglais Sir Richard Wallace (né en 1818) a laissé une trace indélébile dans le paysage parisien en faisant construire dans la capitale française en 1872 une centaine de fontaines d'eau potable. Paradoxalement, c'est dans sa chanson *Le Bistrot*, placée sous le signe du « gros bleu qui tâche », que Brassens évoque les petits édifices pourvoyeurs d'*aqua simplex*. Ceux-ci, dessinés par le sculpteur Lebourg, sont de véritables œuvres d'art, reconnaissables à leur dôme et à leurs cariatides.

───────────

Walzack Jean

Ancien boxeur, il était l'ami de Marcel Cerdan et avait affronté le grand Ray Sugar Robinson en 1951. Jean Walzack (1922-2009) était aussi le patron du Café des sportifs, rue Brancion (Paris 15e), où Brassens passait souvent en voisin. Un bistrot à l'ancienne tel qu'on en voit dans ses chansons, avec une déco très années 50, un vieux poêle qui ronfle, des chats qui ronronnent, un vin savoureux, une cuisine goûteuse et des habitués on ne peut plus chaleureux. Une ambiance typiquement parisienne, malheureusement en voie de disparition. Après la mort du chanteur, le Café des sportifs prit l'habitude d'organiser des « soirées Brassens ».

Wargnier Claude

« C'est beau … Tu me fais du miel. » Lorsque Brassens prononce ces mots élogieux, il est à Cachan, au Gymnase municipal. En face de lui, le preneur de son qui est ainsi complimenté rayonne. Il s'appelle Claude Wargnier, et son amitié avec Brassens démarre ce soir là, en 1961. Wargnier vient de rentrer à Europe N°1, et pour cette tournée de la région parisienne organisée par la station, Claude Wargnier règle pour la 1ère fois la « sono » du chanteur. Il y apporte un soin tout particulier : « Je lui avais mis un micro statique, très sensible, avec lequel sa voix était beaucoup plus riche et belle. » Il va suivre ainsi Brassens tous les soirs pendant trois mois, et devenir son ami. « Ca a accroché comme ça, sans rien se dire… Georges ne disait jamais « tu es mon ami ». Mais il prenait son téléphone et me disait « que fais tu ce soir ? » ce qui voulait dire « Viens diner ». Je venais bien sûr, quoique j'ai prévu ce soir là… » Wargnier devient l'homme du son, qui bidouille les magnétophones Revox de l'artiste pour les utiliser en multipistes pour ses maquettes de travail. Il est présent à toutes les premières de Brassens, à Bobino et en tournée. Claude gère aussi la partie technique de toutes les émissions auxquelles, fidèle à la radio de ses débuts, Brassens participe : « Entretiens en liberté » avec Jean Serge, « Campus » avec Michel Lancelot, « Journées spéciales Georges Brassens » pendant lesquelles le chanteur est présent dans toutes les tranches, de 6h à 23h. Il aura même droit à son émission attitrée. En 1979, Wargnier, devenu directeur technique d'Europe 1 et membre du comité de direction de la radio est présent lors d'une réunion où Jean-Luc Lagardère, PDG de la station, fait part à son staff de sa préoccupation : Coluche, à l'antenne pour la 1ère fois sur Europe 1, scandalise une partie des auditeurs et Lagardère aimerait trouver une sorte de contrepoids haut de gamme. C'est Wargnier qui suggèrera alors Brassens pour une émission sur la poésie ! « Je vais voir Georges pour le convaincre et il me demande, étonné : – tu crois que ta direction va accepter une émission de poésie ? Je le lui confirme et Brassens me dit : – D'accord. Quel nom au rendez-vous ? Je lui propose « Pirouettes » et Georges me répond : – Comme ça on fera ce qu'on veut dedans ! » L'émission sera programmée toute une saison le dimanche à 11 heures. Les enregistrements des poèmes lus par Brassens pour « Pirouettes » ont fait l'objet d'un Cd avec le livre de Jean-Paul Sermonte, *Brassens et les poètes*. (Didier Carpentier, 2011).

_____

Yvart Jacques

« Galopin !». Jacques Yvart a reçu ce surnom de Georges Brassens. Depuis son enfance à Dunkerque, Yvart est marqué par les chansons et l'homme de Sète. À 23 ans, jeune chanteur débutant, il sonne à la porte de la maison de l'impasse Florimont pour tenter de rencontrer son maître. Par trois fois il est éconduit par une petite dame, Jeanne : « Il n'est pas là, revenez dans 15 jours. » Yvart revient trois fois, et la troisième fois c'est Brassens qui le reçoit : « Vous cherchez quelque chose ? » lui-dit-il « Oui... Parler. » répond Yvart. Georges va l'écouter une heure durant, lui prodiguer quelques conseils sur la chanson et lui donner des adresses. Le contact est établi entre les deux artistes, et Yvart peut désormais passer saluer Brassens dans sa loge lors de ses tours de chant. Et puis, en 1972, se souvient Yvart, « Ça s'est passé lors d'un déjeuner rue Santos Dumont... Il y avait là Chabrol, Devos, Gibraltar ... Pendant tout le repas, je me fais chambrer par la bande : "Tu n'es pas prêt ... Tes chansons ne sont pas si bonnes ... cela risque de décevoir les fans de Georges..." Jusqu'à ce que Brassens avec un grand sourire me demande incidemment au dessert : " ça t'intéresse de passer quelques semaines avec moi à Bobino ? " Et tous les autres ont rigolé, ils m'avaient bien fait marcher !» (*Mon Brassens à moi c'est toi* » Jacques Yvart DVD). Yvart va faire la première partie de Brassens en 1972, puis en 1976 pendant quatre semaines. Par la suite, Georges va être le parrain de Jacques à la Sacem, et lui prêter de quoi produire ses albums pendant une période difficile. Il lui fera enfin le plus beau cadeau dont il ait pu rêver : Brassens va enregistrer un poème de Norge qu'Yvart a mis en musique, *Jehan l'advenu*. La chanson figure sur un album posthume de Brassens paru en 1984. Jacques Yvart a enregistré en 1998 les chansons de Brassens dans la langue des citoyens du monde, l'esperanto. «Jacques Yvart kantas Georges Brassens» est la prolongation logique de son engagement humaniste.

_____

Zéphyr

Venant du grec *zephyro*s, signifiant vent d'ouest. le zéphyr est un vent léger et doux, que Brassens cite dans *Le Chapeau de Mireille* : « C'est pas le zéphyr / N'aurait pu suffire ». En effet le zéphyr, depuis l'Odyssée, incarne la petite brise, alors que le borée est réputé violent et froid. Ce vent du nord, les Romains lui donnent le nom d'aquilon. La Fontaine, qui les mets en scène dans *Le Chêne et le roseau*, c'est le petit zéphyr qui maltraite le chêne...

Dans la mythologie grecque, zéphyr joue en rôle dans la rencontre d'Éros et de Psyché. Ce qui ne pouvait qu'autoriser Brassens à lui faire jouer, au zéphyr, comme aux autres vents, un rôle d'intercesseur dans le jeu de la séduction. « Dans l'eau de la claire fontaine, / Elle se baignait toute nue, / Une saute de vent soudaine, / Jeta ses habits dans les nues… »

Il lui consacrera même une chanson sous le titre *Le Vent* : « Si, par hasard / Sur l'Pont des Arts, / Tu croises le vent, le vent fripon / Prudenc', prends garde à ton jupon. »

Zimmermann Eric

Celui que ses admirateurs appellent aujourd'hui « le croquenote », en référence à la chanson de Brassens, était un chanteur qui a beaucoup œuvré pour perpétuer le souvenir de Brassens et de la belle chanson française. Zimmermann a enregistré de nombreux disques, dont un double album, « Ainsi parle Georges Brassens » et « Ainsi chante Eric Zimmermann », parus chez Jacques Canetti (l'un des mentors de Brassens dans les années 1950). Cet enregistrement mêle élégamment ses versions de chansons de Brassens avec des extraits du mythique entretien du poète avec Philippe Nemo sur France Culture. Zimmermann a écrit plusieurs livres sur la chanson française, sur Jacques Brel, Félix Leclerc, Les Frères Jacques. Avec Josée Stroobants, la photographe attitrée de Brassens, il a co-signé enfin un bel album d'amitié, *Brassens chez Jeanne, 1944-1952*, paru chez Didier Carpentier éditeur en 1996. Eric Zimmermann est mort en 2001.

———————

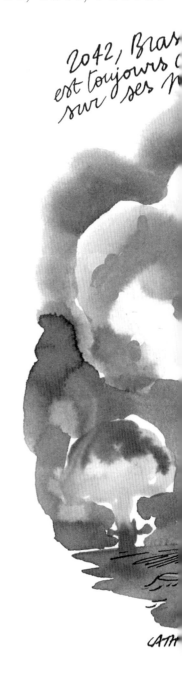

ET DES PERSONNAGES, RÉELS OU FICTIFS

Index des noms par qualité

Les copains, les amis

Amis de Georges (les), association

Arnaud Michèle, productrice

Asséo André, directeur relations extérieures

Asso Raymond, parolier

Audiard Michel, dialoguiste, cinéaste

Audouard Yvan, écrivain, journaliste

Averty Jean-Christophe, réalisateur TV

Barclay Eddie, musicien, PDG

Barouh Pierre, chanteur, producteur, acteur

Barrès Robert, abbé

Battista Éric, champion sportif

Béarn Pierre, poète

Béart Guy, auteur, compositeur, interprète

Bertola Jean, musicien, directeur artistique

Blier Bernard, acteur

Boiton André, professeur de français

Bonnafé Alphonse, professeur de lettres

Boris Jean-Michel, homme de spectacles

Boudard Alphonse, écrivain

Boulard Georges, agriculteur

Bourvil, acteur

Bouyé Henri, fleuriste

Brasseur Pierre, acteur

Brel Jacques, auteur, compositeur, interprète

Canetti Jacques, producteur, directeur artistique

Carrière Jean-Claude, écrivain, scénariste

Castans Raymond, écrivain

Chabrol Jean-Pierre, écrivain

Chancel Jacques,

249

producteur radio TV

Chatel François, réalisateur TV

Chatel Philippe, auteur, compositeur, interprète

Clavel Bernard, écrivain

Colombo Pia, chanteuse

Colpi Henri, réalisateur cinéma

Compagnons de la chanson, groupe vocal

Comte Roger, humoriste

Coquatrix Bruno, homme de spectacles

Cordier Pierre, photographe

Delpont Henri, homme de spectacles

Devos Raymond, humoriste

Duleu Edouard, musicien

Evangelista Mario, tailleur

Evans Colin, professeur de français

Fallet René, écrivain

Favreau Joel, auteur, compositeur, interprète

Grello Jacques, humoriste

Iskin René, premier interprète

Krym Jacques, ami

Lafforgue René Louis, directeur de société

Lancelot Michel, producteur radio TV

Lapointe Boby, auteur, compositeur, interprète

Larue André, journaliste

Lavalette Bernard, comédien

Laville Victor, journaliste

Le Forestier Maxime, auteur, compositeur, interprète

Louki Pierre, auteur, compositeur, interprète

Maguelon Pierre, humoriste

Miramont Émile, cadre

Moustache, musicien

Nicolas Pierre, musicien

Nucéra Louis, écrivain, journaliste

Olive Charles, docker

Onténiente Pierre, secrétaire

Patachou, chanteuse

Peynet Raymond, dessinateur

Poletti Mario, éditeur

Renot Marcel, peintre

Robert Yves, réalisateur cinéma

Robin Armand, poète, anarchiste

Serge Jean, journaliste, producteur radio TV

Sermonte Jean-Paul, poète, conteur

Spinosi Laurent, pêcheur

Stroobants Josée, photographe

Tavernier André, directeur artistique

Tchernia Pierre, producteur radio TV

Thérond Roger, journaliste

Tillieu André, journaliste

Toussenot Roger, philosophe

Vaillard Pierre-Jean, humoriste

Ventura Lino, acteur

Vers André, écrivain

Walzack Jean, patron de bistrot

Wargnier Claude, directeur technique

Yvart Jacques, auteur, compositeur, interprète

LA FAMILLE

Dagrosa Antoinette, tante

Bidet, surnom

Brassens Jean Louis, père

Brassens Jules, grand père

Cazzani Serge, neveu

Cazzani Simone, sœur

Dagrosa Elvira, mère

Duvernoy Sophie, gouvernante

Géo Cedille, surnom

Granier Georges, cousin

ET DES PERSONNAGES, RÉELS OU FICTIFS

Heiman Joha, éternelle fiancée

Gys, bateau

Jacquot le perroquet, animal de compagnie

Jeanne, hôtesse au grand cœur

Maria, petite amie

Planche Marcel, mari de Jeanne

POÈTES, ÉCRIVAINS

Apollinaire, poète

Aragon Louis, écrivain, poète

Breton André, écrivain, poète

Bruant Aristide, poète

Conrad Joseph, écrivain

Corneille, dramaturge

Coty René, président

Dali Salvador, peintre

de Banville Théodore, poète

de Lamazière Christian, écrivain

Fort Paul, poète

Garcia Marquez Gabriel, écrivain

Gotlib, dessinateur

Hugo Victor, écrivain, poète

Jammes Francis, poète

Kessel Joseph, écrivain

La Boétie Etienne de, poète

LaFontaine Jean de, écrivain

Lamartine Alphonse de, poète

Lemaitre jules, écrivain

Mallarmé Stéphane, poète

Mathieu Yves, homme de spectacles

Merle Alain, collectionneur

Musset Alfred de, écrivain, poète

Nadeau Gustave, poète

Norge, poète

Pol Antoine, poète

Prévert Jacques, écrivain, poète

Rabelais, écrivain

Richepin Jean, poète

Rostand Jean, biologiste

Sallée André, écrivain

Sartre Jean Paul, philosophe

Sévigné Marquise de, femme de lettres

Simonin Albert, écrivain

Valéry Paul, écrivain, poète

Verlaine Paul, écrivain, poète

Vian Boris, écrivain, poète

Villon François, poète

CHANTEURS, MUSICIENS,

COMÉDIENS, MÉDIAS

Adamo, chanteur

Amont Marcel, chanteur

Ange, groupe

Aznavour Charles, auteur, compositeur, interprète

Barbara, auteur, compositeur, interprète

Bardot Brigitte, actrice de cinéma

Boccara Frida, auteur, compositeur, interprète

Bouillon Jo, chef d'orchestre

Cabrel Francis, auteur, compositeur, interprète

Chevalier Maurice, chanteur

Clarens Léo, chef d'orchestre

Coluche, humoriste, comédien

Cristiani François René, producteur radio

Dassin Joe, chanteur

Duteil Yves, auteur, compositeur, interprète

Dutronc Jacques, chanteur

Duval (Père), curé chantant

Ferrat Jean, auteur, compositeur, interprète

Ferré Léo, auteur, compositeur, interprète

Frères Jacques, groupe

251

Gainsbourg Serge, auteur, compositeur, interprète
Giroud Françoise, journaliste, écrivain
Gréco Juliette, chanteuse
Hallyday Johnny, chanteur
Ibañez Paco, chanteur
Lama Serge, auteur, compositeur, interprète
Leclerc Félix, auteur, compositeur, interprète
Lemarque Francis, auteur, compositeur, interprète
Louka Paul, auteur, compositeur, interprète
Lux Guy, producteur radio TV
Mac Kac, musicien de jazz
Mireille, auteur, compositeur, interprète
Montand Yves, chanteur
Morelli Monique, auteur, compositeur, interprète
Mouloudji, auteur, compositeur, interprète
Moustaki Georges, auteur, compositeur, interprète
Nemo Philippe, producteur radio
Nougaro Claude, auteur, compositeur, interprète
Pépin Denis, chanteur
Perret Pierre, auteur, compositeur, interprète
Pivot Bernard, producteur radio TV

Reinhardt Django, musicien de jazz
Renaud, auteur, compositeur, interprète
Rossi Tino, chanteur
Salvador Henri, auteur, compositeur, interprète
Sauvage Catherine, auteur, compositeur, interprète
Scotto Vincent, auteur, compositeur, interprète
Sèvres Christine, chanteuse
Simon Yves, auteur, compositeur, interprète
Solidor Suzy, chanteuse
Sylvestre Anne, auteur, compositeur, interprète
Tabet Georges, auteur, compositeur, interprète
Ventura Ray, chef d'orchestre de jazz
Zimmermann Eric, chanteur,,

Personnages

Abélard, intellectuel du XIIe siècle
Adonis, dieu grec
Amazone, guerrière
Amoureux, personnage
Amphitryon, général thébain
Aphrodite, déesse de l'amour

Apollon, dieu de la musique, du chant et de la poésie
Archibald, oncle fictif
Argousin, agent de police
Ariane, fileuse mythologique
Auvergnat, généreux hôte
Bacchus, dieu de la vigne
Bécassine, personnage de BD
Blanchecaille, petit métier
Bull John, symbole britannique
Buridan, théologien français
Caron, matelot mythologique
Castor et Pollux, jumeaux grecs
Chef de gare, employé trompé
Colombine, personnage de la commedia dell'arte
Corne d'aurochs, surnom préhistorique
Corydon, pâtre grec
Crésus, roi de Lydie
Croquants, beaufs
Cupidon, dieu ailé
Dalila, femme fatale
Danaïdes, filles de Danaos
Deux Oncles, ennemis jurés
Dieu, personnage de

ET DES PERSONNAGES, RÉELS OU FICTIFS

chanson…

Duc de Bordeaux, prétendant du trône

Don Juan, libre-penseur

Éole, dieu du souffle

Épicure, philosophe grec

Éros, dieu de l'amour

Esculape, dieu de la santé et de la médecine

Fanny, personnage d'aire de jeu

Fernande, prénom érotique

Flic, fonctionnaire

Gastibelza, héros de Hugo

Gavroche, gamin de Hugo

Géo Cédille, surnom

Gorille, primate de chanson

Guignol, marionnette lyonnaise

Hector, mari de la chanson

Hercule, héros de la mythologie

Hérode, vieux personnage biblique

Hippocrate, médecin grec

Homère, poète grec

Icare, fils de Dédale

Jérémie, prophète

Jupiter, dieu du tonnerre

Larousse (petit), synonyme de dictionnaire

Léon (Vieux), accordéoniste

Macchabée, chef de bande

Martin Jeanne, amour de jeunesse

Martin (Pauvre), paysan de chanson

Mathusalem, vieux personnage biblique

Mercanti, commerçant

Mercure, dieu des commerçants

Neptune, dieu de la mer

Nestor, héros de la guerre de Troie

Nicodème, prophète

Nimbus, savant chauve

Oreste et Pylade, jumeaux grecs

Pan, dieu des bergers

Panurge, personnage de Rabelais

Parque, déesse grecque

Pégase, cheval ailé

Pénélope, fidèle épouse

Psyché, fiancée d'Éros

Saturne, dieu des Titans

Sémiramis, reine d'Assyrie

Séraphin, angelot

Staline, p'tit père des peuples

Succube, démon féminin

Tantale, roi de Lydie

Tondue, victime de l'après-guerre

Ulysse, baroudeur

Vénus, beauté faite déesse

Wallace Richard, philanthrope

Zéphyr, doux copain d'Éole

253

Imprimé en Italie

radiobrassens.com
Pour faire revivre le chanteur, le poète et l'homme, Claude Wargnier a créé, en mai 2011, **radiobrassens.com**, la première radio sur internet consacrée exclusivement au répertoire de Georges Brassens, qu'il soit chanté par lui-même ou par les dizaines d'autres artistes tels que Cabrel, Ibañez, Jonasz, Le Forestier, Renaud, Souchon, etc...

Diffusant 24h/24, **radiobrassens.com** propose également des extraits inédits d'interviews de Georges Brassens.